DER INHALT DES KAUFMÄNNISCHEN ZURÜCKBEHALTUNGSRECHTS

VON

DR. IUR. WALTER MEYER

LEIPZIG
VERLAG VON VEIT & COMP.
1910

Leipziger juristische Inauguraldissertation

Druck von Metzger & Wittig in Leipzig.

MEINEN ELTERN

Inhalt.

Literaturverzeichnis.

Adler bei Holdheim, Monatsschrift für Handelsrecht und Bankwesen. Bd. 9. S. 6f.

von Amira, Nordgermanisches Obligationenrecht. Bd. I. 1882. Bd. II. 1895.

Biermann, Das Sachenrecht des Bürgerlichen Gesetzbuchs. 2. Aufl. 1903.

Cosack, Lehrbuch des Handelsrechts. 6. Aufl. 1903.

Denkschrift zu dem Entwurfe eines Handelsgesetzbuchs usw. 1897. (D.)

Dernburg, Das bürgerliche Recht des Reiches und Preußens. Bd. III. 1908.

Düringer-Hachenburg, Das Handelsgesetzbuch vom 10. Mai 1897. Bd. II. 1901.

Endemann, Lehrbuch des Handelsrechts. Bd. II. 1882.

Entscheidungen des Reichsgerichts in Zivilsachen. (RG.)

Entscheidungen des Reichsoberhandelsgerichts. (ROHG.)

Entwurf eines bürgerlichen Gesetzbuchs für das Deutsche Reich. Erste Lesung. Amtliche Ausgabe.

Fischer-Henle, Bürgerliches Gesetzbuch. 8. Aufl. 1909.

Gaupp-Stein, Die Zivilprozeßordnung für das Deutsche Reich. 8./9. Aufl. Bd. I. 1906. Bd. II. 1908.

Gierke, Die Bedeutung des Fahrnisbesitzes für das streitige Recht. 1897.

Goldmann, Das Handelsgesetzbuch vom 10. Mai 1897. 1. Aufl. Bd. III. 1906.

Goldschmidt, Handbuch des Handelsrechts. Bd. I. Abt. 1. 3. Aufl. 1891. Abt. 2. 1868.

Gruchot, Beiträge zur Erläuterung des deutschen Rechts.

von Hahn, Kommentar zum Allgemeinen deutschen Handelsgesetzbuch. 2. Aufl. Bd. II. 1875.

Hellwig, Anspruch und Klagrecht. Jena 1900. (Abhandlungen zum Privatrecht und Zivilprozeß. Herausg. von Otto Fischer. Bd. V. Heft 1.)

Heusler, Institutionen des deutschen Privatrechts. Bd. I. 1885.

Jaeger, Kommentar zur Konkursordnung. §§ 1—42 KO. 3./4. Aufl. 1907. §§ 43f. 2. Aufl. 1904.

Jakobi, Die Wertpapiere im bürgerlichen Recht des Deutschen Reiches. Jena 1901. (Abhandlungen zum Privatrecht und Zivilprozeß. Herausg. von Otto Fischer. Bd. VIII. Heft 1.)

Korn, Das kaufmännische Retentionsrecht. Diss. Tübingen 1881.

Kretzschmar, Das Sachenrecht des Bürgerlichen Gesetzbuchs. 1906.

Laband in Goldschmidts Zeitschrift für Handelsrecht. Bd. IX. S. 482f.

Langfeld, Die Lehre vom Retentionsrecht nach gemeinem Recht. Rostock 1886.

Langheineken, Anspruch und Einrede nach dem Deutschen Bürgerlichen Gesetzbuch. 1903.

Lehmann, Lehrbuch des Handelsrechts. Leipzig 1908.

Lehmann-Ring, Das Handelsgesetzbuch für das Deutsche Reich. Bd. II. 1901.

Makower, Handelsgesetzbuch mit Kommentar. 13. Aufl. Bd. II. 1907.
von Meibom, Das deutsche Pfandrecht. 1867.
Motive zu dem Entwurfe eines Bürgerlichen Gesetzbuchs für das Deutsche Reich. Amtliche Ausgabe 1896. (Mot.)
Planck, Bürgerliches Gesetzbuch nebst Einführungsgesetz. 3. Aufl. Bd. II und III. 1907.
Planitz, Das Wesen des kaufmännischen Zurückbehaltungsrechtes geschichtlich entwickelt. Leipzig 1906.
Protokolle der Kommission für die zweite Lesung des Entwurfs des Bürgerlichen Gesetzbuches. Bearb. von Achilles, Gebhardt und Spahn. 1899.
Protokolle der Kommission zur Beratung eines Allgemeinen deutschen Handelsgesetzbuches. Herausg. von Lutz. 1858—1863.
Recht, Das, Rundschau für den deutschen Juristenstand. Herausg. von Soergel.
Rechtsprechung der Oberlandesgerichte auf dem Gebiete des Zivilrechts. Herausg. von Mugdan und Falkmann. (OLGRspr.)
Schlegelberger, Das Zurückbehaltungsrecht. Jena 1904. (Abhandl. z. Privatrecht und Zivilprozeß. Herausg. von Otto Fischer. Bd. XII. Heft 1.)
Seuffert, Archiv für Entscheidungen der obersten Gerichte in den deutschen Staaten.
Seuffert, Kommentar zur Zivilprozeßordnung. 10. Aufl. Bd. I. 1907. Bd. II. 1908.
Sievers, Das kaufmännische Zurückbehaltungsrecht. Diss. Leipzig 1904.[1]
Sohm, Der Gegenstand. Ein Grundbegriff des Bürgerlichen Gesetzbuchs. Leipzig 1905.
Staub, Kommentar zum Handelsgesetzbuche. Bd. II. 6./7. Aufl. 1900. 8. Aufl. 1907.
von Staudinger, Kommentar zum Bürgerlichen Gesetzbuch. 3./4. Aufl. Bd. II. 1. Abt. 1908. 2. Abt. 1908. Bd. III. 1907.
Stobbe, Handbuch des deutschen Privatrechts. Herausg. von Lehmann. 3. Aufl. Bd. II. 1. Abt. 1896. 2. Abt. 1897. Bd. III. 1898.
Thoel, Das Handelsrecht. 6. Aufl. Bd. I. 2. Abt. 1879.
Wach, Handbuch des deutschen Zivilprozesses. Bd. I. Leipzig 1885.
von Wilmowski, Deutsche Reichskonkursordnung. 6. Aufl. 1906.
Wolff in Busch's Archiv für Handelsrecht. Bd. III. S. 256f.

Abkürzungen.

ZR. = Zurückbehaltungsrecht.
KZR. = kaufmännisches Zurückbehaltungsrecht.
BZR. = bürgerliches Zurückbehaltungsrecht.

[1] Abgedruckt im Sächsischen Archiv für Deutsches bürgerliches Recht. Bd. 14 S. 162f., S. 289f.

§ 1.

Einleitung.

Eine wesentliche Lebensbedingung des Rechtsverkehrs ist der Kredit. Dem Bedürfnis nach einer zuverlässigen Kreditgrundlage sind die Rechtsordnungen nachgekommen, indem sie Einrichtungen von verschiedenartiger Kraft und Wirkung ausbildeten, die geeignet sind, den Kreditgeber zu sichern. Naturgemäß machte sich das Verlangen nach Kreditsicherung, dem sich schon das bürgerliche Recht nicht verschließen konnte und dem es auch in mannigfacher Gestalt gerecht geworden ist, in erhöhtem Maße im Verkehr unter Kaufleuten fühlbar. Eine Reihe wichtiger Kreditmittel des bürgerlichen Rechts ist daher den Anforderungen des Handelsverkehrs angepaßt oder ihnen entsprechend umgeformt worden. So sind zur Erleichterung des Kreditwesens die Formvorschriften bei Eingehung einer Bürgschaftsverpflichtung, bei Abgabe eines Schuldversprechens oder eines Schuldanerkenntnisses grundsätzlich gefallen (§§ 350, 351 HGB.); weiter sind der Pfandrechtserwerb (§ 366 HGB.) sowie die Ausübung des Pfandverkaufs (§ 368 HGB.) erleichtert; die Kompensation hat neue Erscheinungsformen im Kontokorrent und Giroverkehr sowie in der Skontration erhalten.

Sodann hat der Handelsverkehr als Kreditsicherungsmittel das praktisch überaus bedeutsame sogenannte kaufmännische Zurückbehaltungsrecht zur Ausbildung gebracht, über dessen rechtliche Natur und insbesondere Beziehung zum bürgerlichen Zurückbehaltungsrecht seither lebhafter Streit geherrscht hat. Die ältere Theorie und Praxis, die sich mit seinem Wesen beschäftigt haben, nennen es qualifiziertes Retentionsrecht,[1] modifiziertes gesetzliches Pfandrecht,[2] auch eine Art Kompensationsbefugnis.[3] In jüngster Zeit ist PLANITZ (S. 34, 65), der das Wesen des KZR. historisch aus germanischen Rechtsgedanken entwickelt, auf Grund seiner beachtenswerten Forschungen zu dem Ergebnis gelangt, das KZR. sei überhaupt kein selbständiges Recht, sondern nur eine Begleiterscheinung des persönlichen Forderungsrechts des Kaufmanns, das eine persönliche Haftung des Schuldners in sich begreife; zum Begriffe dieser kaufmännischen persönlichen Haftung gehöre, daß in ihr eine Haftung auch des kaufmännischen Vermögens enthalten sei, die bei Besitz des Gläubigers ein bevorzugtes Befriedigungsrecht hervorbringe.

In vorliegender Abhandlung wollen wir uns nicht nochmals eingehend mit der Geschichte und dem Wesen des KZR. befassen; ihr Gegenstand soll eine ausführliche Darstellung seines Inhalts nach dem modernen Rechte sein. Da hierbei eine wichtige Rolle die Frage nach dem Verhältnis des kaufmännischen zum bürgerlichen ZR. spielt und deren Beantwortung zu nicht geringem Teile sich aus der historischen Entwicklung und dem Wesen der beiden Rechtsinstitute ergibt, ist indes vorerst eine kurze Betrachtung über deren Geschichte und Wesen unvermeidlich.

---

[1] LABAND S. 484 f.

[2] GOLDSCHMIDT Bd. I, 2 S. 1031; WOLFF S. 256 f., insbes. S. 267; ROHG. Bd. 2 S. 77.

[3] ROHG. Bd. 2 S. 383. Nach v. HAHN (§ 1 zu Art. 313) nimmt es eine Mittelstellung zwischen dem römischen Retentionsrechte und der Kompensationsbefugnis ein.

Erster Teil.

Das Verhältnis des kaufmännischen zum bürgerlichen Zurückbehaltungsrechte.

§ 2.

A. Historisch entwickelt.[1]

I. Das Zurückbehaltungsrecht des deutschen Rechts bis zur Rezeption.

Das fast einzige Material zur Erforschung des ZR. des alten deutschen Rechts liefern die nordgermanischen Quellen. Sie erwähnen eine Reihe von Retentionsbefugnissen, die sich in solche aus gelobter und solche aus ungelobter Schuld scheiden lassen. Als Fälle ersterer Art werden genannt das ZR. des Handwerkers an dem ihm zur Bearbeitung übergebenen Stoffe und das des Hirten an dem von ihm gehüteten Vieh wegen ihrer Lohnforderungen, das des Vermieters an dem Eingebrachten des Mieters wegen seiner Mietzinsforderung, das des Wirtes am Gute des Reisenden wegen seines Anspruchs auf Kostgeld sowie das des Seemanns am Frachtgut wegen seines Anspruchs auf Frachtlohn. Als Fälle der zweiten Art kommen vor das ZR. des Finders am Fundgegenstand wegen seines Anspruchs auf Finderlohn (insbesondere das des einen Anker Bergenden am Anker wegen des Bergelohns), das des Wirtes am eingestellten Vieh und, wenn es stirbt, an dessen Haut und Halfter wegen des Anspruchs auf Erstattung der Futterkosten sowie das des Grundbesitzers an dem auf sein Land übergetretenen Vieh wegen seiner Schadensersatzansprüche.

In dem Retentionsrecht aus gelobter Schuld ersieht Planitz die Wurzeln und aus ihm ergründet er das Wesen des modernen KZR. Er führt folgendes aus:

Das System des deutschen Obligationenrechts fußt auf der Scheidung von Schuld und Haftung. Schuld ist rechtliches Sollen;

[1] Vgl. insbesondere v. Amira Bd. I S. 249f., Bd. II S. 260f., v. Meibom S. 306f., Planitz S. 35f., Schlegelberger S. 15f.

sie erzeugt für den Gläubiger aber kein rechtliches Machtmittel, den Schuldner zur Leistung zu zwingen, ihr entspringt keine Klage. Erzwingbarkeit des rechtlichen Sollens verleiht erst die Haftung, die entweder Personen- oder Sachhaftung ist. Jene wird in ältester Zeit in der Weise begründet, daß der Haftende mit Hand und Mund gelobt, sich im Falle der Nichterfüllung der Schuld dem Gläubiger freiwillig zu überantworten (Treugelöbnis). Solches Haftungsversprechen bedeutet also Verstrickung der Person; es erzeugt eine Klage, deren Angriffsgegenstand die Person ist.

Im späteren Mittelalter wächst sich diese reine Personenhaftung zur Verpfändung der Person samt ihrer ganzen wirtschaftlichen Kraft aus. Zu der durch das Treugelöbnis begründeten Haftung in personenrechtlicher und sozialer Hinsicht tritt eine vermögensrechtliche Verstrickung hinzu. Der Gedanke der Befriedigung wird vorherrschend; das Interesse des Gläubigers bezielt nicht mehr Vernichtung der Persönlichkeit des Schuldners, richtet sich vielmehr auf dessen Vermögen. Neben die Personen- tritt von selbst Vermögenshaftung, und zwar haftet das Vermögen durch die Person.

Zu voller, dinglich wirkender Verhaftung einer Sache erfordert das deutsche Recht deren Einbringung in die Gewere des Haftungsempfängers. Hat letzterer andererseits eine dem Schuldner eigentümlich gehörende Sache in seiner Gewere, so erzeugt die mit Fälligkeit der Forderung eintretende Verhaftung des gesamten schuldnerischen Vermögens eine durch die Verbindung mit der Gewere zu stärkerer Wirkung gelangende Verstrickung des einzelnen Vermögensstücks. Umfang und Wesen dieser Verstrickung ergibt sich aus dem Institute des deutschen eigenmächtigen Pfändungsrechts.

Dieses befugt den Gläubiger, aus dem Vermögen des Schuldners eine Sache zwecks Befriedigung eigenmächtig zum Pfande zu nehmen. An dem gepfändeten Gegenstande erwirbt der Gläubiger ein dingliches Recht. Die eigenmächtige Pfandnahme bedeutet daher Verschaffung der Gewere an einer Sache, die dann als Pfand erscheint; liegen außerdem persönliche Haftung und Fälligkeit der Forderung, mithin Haftung des gesamten schuldnerischen Vermögens vor, so ist sie nichts anderes als der Ausdruck der Idee: Weil durch die Person das Vermögen als Ganzes haftet, kann der Gläubiger durch Einbringung des einzelnen Vermögensstücks in sein Gewere die Intensität der Haftung steigern.

Um nun die Schuld auf das verhaftete Vermögensstück zu gewinnen, bedarf es noch einer Klage, eines förmlichen Angriffs auf den Haftungsgegenstand. Vorher ist eine Verwertung nicht zulässig.

Gibt das deutsche Recht hiernach dem Haftungsempfänger ein Recht, bei fälliger Forderung nach Einbringung von Vermögensstücken des Verpflichteten in seine Gewere auf diese klageweise seine Schuld zu gewinnen, so muß es dieselbe Befugnis auch demjenigen einräumen, der die Gewere an Vermögensstücken des Verhafteten bereits besitzt; der Gläubiger also, der ein Vermögensstück des ihm persönlich verhafteten Schuldners in seiner Gewere hat, kann nach Fälligkeit der Forderung sich durch Klage auf das Gut auf Grund von dessen Haftung befriedigen. —

Planitz verfolgt dann dieses aus dem Zusammenfließen von Gewere und gelobter Schuld geborene deutsche Befriedigungsrecht in seinem historischen Schicksal weiter und weist nach, wie es zu einem kaufmännischen und Bestandteil des modernen Handelsrechts geworden ist (S. 61f.).

Wie aus vorstehender Wiedergabe der leitenden Grundgedanken der Planitzschen Forschungen ersichtlich ist, haben diese nur eine Erklärung des dem modernen KZR. innewohnenden Befriedigungsrechts, nicht auch des in ihm enthaltenen Retentionsrechts und von dessen Beziehung zum Befriedigungsrecht nach Geschichte und Wesen zum Gegenstande. Eine Ergänzung nach dieser Seite hin soll hier in großen Umrissen erfolgen.

Wir gehen mit Planitz davon aus, daß das Befriedigungsrecht des Gläubigers nur entstehen kann, wenn, und nur so lange bestehen kann, als der Gläubiger die Gewere am Haftungsgegenstande hat, daß Gewere und Befriedigungsbefugnis also aufs engste miteinander verknüpft sind. Verlust der Gewere muß daher auch Untergang des Befriedigungsrechts nach sich ziehen.

Es fragt sich nun, ob das deutsche Recht zum Schutze des gegenwärtigen Inhabers der Gewere, insbesondere dem früheren gegenüber, eine Einrichtung gekannt hat, die ihm die Fortdauer der Gewere und damit auch den Fortbestand seines Befriedigungsrechts bis zu dessen Ausübung gewährleistet. Die Frage ist zu bejahen. Das deutsche Recht kannte ein solches Schutzmittel, und dieses war Ausfluß der Gewere selbst. Wie die eingangs dieses Paragraphen aufgeführten Beispiele bekunden, findet sich eine Reihe von Fällen, in denen der gegenwärtige Inhaber der Gewere gegenüber der Klage auf Herausgabe eine derartig gefestigte Rechtsstellung genießt, daß der Herausgabeanspruch zu einem „Anspruch auf Rückgewähr gegen Befriedigung eines Gegenrechts, auf einen Lösungsanspruch in diesem Sinne"[1] herabgemindert wird. Solchem Lösungsanspruch entspricht notwendig auf seiten des gegenwärtigen Gewereinhabers ein Zurückbehaltungsrecht. Dieses hat seine Ursache in der Defensivkraft der gegenwärtigen Gewere, die sich in einem Gegenrechte äußert, das den Angegriffenen berechtigt, die Rückgewähr bis zur Lösung zu verweigern. Es ist also eine Begleiterscheinung der Gewere in Gestalt eines negativen Gegenrechts zur Sicherung eines Anspruchs des Gewereinhabers gegenüber der Rückgewährsklage. Es schränkt die Offensivkraft der früheren Gewere derart ein, daß die Klage aus ihr nur Erfolg hat, wenn der Gegenanspruch befriedigt wird.

Dieses Vorenthaltungsrecht, wie es v. Amira (a. a. O.) nennt, wird ausweislich der Quellen gewährt, gleichviel, ob der Anspruch des gegenwärtigen Inhabers der Gewere gelobter Schuld entspringt oder nicht. Klagbarkeit, prozessuale Erzwingbarkeit des Anspruchs spielt keine Rolle. Das rechtliche Sollen des früheren Inhabers allein erzeugt das Gegenrecht.

In denjenigen Fällen, in denen der zur Vorenthaltung berechtigende Gegenanspruch gelobter Schuld erwächst, muß nach dem bisher Gesagten neben dem Zurückbehaltungs- auch ein Befriedigungsrecht des gegenwärtigen Inhabers der Gewere bestehen. Zwischen diesen Rechten, die ja beide aus dem Zusammentreffen von Gewere und Schuld fließen, ist naturgemäß auch eine innere

---

[1] Schlegelberger S. 19f.

Beziehung vorhanden: Die kraft der Gewere eingetretene und von deren Fortdauer abhängige Verstrickung des schuldnerischen Guts würde ohne Rücksicht darauf, ob der Gläubiger schon zu einer Befriedigung gelangt ist, wieder erlöschen, wenn dieser die Gewere deren früherem Inhaber einräumen müßte; hier sichert nun das ZR. nicht nur den gegenwärtigen Inhaber, sondern ermöglicht, indem es das Erlöschen des Befriedigungsrechts verhütet, dessen Ausübung und dient somit der Deckung des gegenwärtigen Gewereinhabers.

Fußt hingegen der zur Vorenthaltung berechtigende Anspruch auf ungelobter Schuld, so fehlt mangels einer durch Treugelöbnis erzeugten Sachhaftung in der Regel[1] auch das Befriedigungsrecht und erschöpfen sich die Befugnisse des gegenwärtigen Gewereinhabers in der Abwehr des früheren Inhabers; hier sichert das ZR. ausschließlich die Gewere, nicht ein Befriedigungsrecht.

Offenbar hat sich im deutschen Rechte beim ZR. aus ungelobter Schuld der Mangel der Befriedigungsbefugnis fühlbar gemacht, oder es haben der im germanischen Rechte zu gewaltiger Kraft gelangte Haftungsgedanke und das daraus geborene Befriedigungsrecht von selbst eine enorme Ausdehnungskraft entwickelt, jedenfalls ist es interessant zu beobachten, daß das Befriedigungsrecht auch beim ZR. aus ungelobter Schuld Wurzel geschlagen hat. Auch ohne Treugelöbnis tritt fast durchgängig zugunsten des zurückhaltungsberechtigten Gewereinhabers eine Verstrickung des in seiner Gewere befindlichen gegnerischen Guts ein, die beim Ausbleiben der Lösung Verfall des vorenthaltenen Gegenstands zur Folge hat.

So darf sich nach Gotlandslagen[2] der Finder bei unterbliebener Lösung aus dem Fundgegenstande befriedigen. Nach Westmannalagen[3] ist der Finder fremden Viehes befugt, falls sich der Eigentümer binnen Jahr und Tag nicht meldet, das gefundene Vieh abschätzen zu lassen und zu behalten; er braucht wenn der Eigentümer später kommt, nicht mehr das Tier selbst, sondern nur dessen Wert abzüglich des Finderlohns und der

---

[1] Es gibt aber auch Fälle gesetzlicher (ungelobter) Sachhaftung, z. B. bei der Viehpfändung (Schüttung).

[2] Vgl. v. Amira Bd. I S. 253. [3] Vgl. v. Amira Bd. I S. 252.

Aufwendungen herauszugeben. Gotlands- wie Westmannalagen sprechen dem Finder das Recht zu, zwecks Befriedigung die bei ihm zur Welt gekommenen Jungen des gefundenen Viehes als Eigentum zu behalten. Nach Östgötalagen[1] darf der Finder sich gleichfalls den Fundgegenstand aneignen; er hat ihn zwar mit dem Könige zu teilen, dabei beträgt sein Anteil jedoch genau soviel wie sein Lohn. Gleiches gilt nach Södermannalagen, wenn es sich um geborgenes Strandgut handelt.[2] Das norwegisch-isländische Recht[3] läßt das übergetretene Tier als Schadensersatz dem Landeigentümer zufallen, wenn dieser fünf Nächte vergeblich auf die Lösung gewartet hat.[4] Ähnlich wie Westmannalagen bestimmt das isländische Recht,[5] daß dem Berger fremden Viehs, der seinen Fund gehörig bekannt gemacht und über die Wintersonnenwende vergeblich auf die Lösung gewartet hat, wegen seines Anspruchs auf Erstattung der Futterkosten eine Vorenthaltungsbefugnis erwächst und daß er, wenn seit dem Aufgebot noch ein halber Monat verstrichen ist, das Vieh in der ersten Woche des vierten Wintermonats durch Nachbarn abschätzen lassen und sich dann durch Anlegen einer Marke aneignen darf.

Urkundlichen Nachweis für das Bestehen einer Befriedigungsbefugnis auch neben dem ZR. aus ungelobter Schuld haben wir allerdings nur für einzelne Fälle. Man geht aber m. E. nicht zu weit, wenn man mit Planitz (S. 56) annimmt, daß auch dort,[6] wo ein Befriedigungsrecht nicht ausdrücklich anerkannt wird, ein solches in späterer Zeit als Ausfluß des im germanischen Rechte stark entwickelten Haftungsgedankens gewährt worden ist.

II. Das Zurückbehaltungsrecht des deutschen Rechts nach der Rezeption.

Dem gewaltigen Ansturme des durch die Rezeption in Deutschland eindringenden fremden Rechts vermochten das auf rein deutschen Rechtsbegriffen fußende Zurückbehaltungs- und Be-

[1] Vgl. v. Amira Bd. I S. 252.
[2] Vgl. v. Amira a. a. O.
[3] Vgl. v. Amira Bd. II S. 259.
[4] Nach fränkischem Recht fällt verlaufenes Vieh an den König.
[5] Vgl. v. Amira Bd. II S. 261.
[6] Z. B. bei der Schüttung; vgl. v. Amira Bd. I S. 247.

friedigungsrecht nicht standzuhalten. Beide gingen zusammen mit der dem römischen Besitzsystem weichenden Gewere, mit der sie ja fest verschlungen waren, unter. Nur das ZR. feierte eine Auferstehung und zwar in römischer Umformung. In der durch römischen Einfluß veränderten Gestalt hat das deutsche ZR. Aufnahme im modernen bürgerlichen Rechte gefunden.

Und doch haben sich Reste des deutschen, aus dem Zusammentreffen von Gewere und Schuld geborenen Zurückbehaltungs- und Befriedigungsrechts von römischem Einfluß unberührt auf die Zeit nach der Rezeption vererbt und sind schließlich, in dem eigenartigen KZR. vereint, die Bestandteile eines wichtigen Instituts unseres modernen Handelsrechts geworden. Das geschah, wie folgt: Der deutsche Handelsstand, der gegen Ausgang des Mittelalters die Städte beherrschte und der sich aus seinen Bedürfnissen heraus ein eigenes Recht schuf,[1] hatte sich das deutsche Zurückbehaltungs- mit dem Befriedigungsrecht angeeignet, da es seinen Interessen entsprach, und hielt auch nach der Rezeption unentwegt daran fest. So wurde das deutschrechtliche bürgerliche mit dem Befriedigungsrecht vereinte ZR. per consuetudinem eine Sonderrechtseinrichtung des deutschen Kaufmannsstandes.

Dieses germanische KZR. fand seine erste gesetzliche Anerkennung nachweislich in den Statuten der florentinischen Kaufmannsgilden des 15. und 16. Jahrhunderts, in denen eine starke deutschrechtliche Strömung hervortritt und in denen namentlich in schroffem Gegensatz zum römischen Retentionsrecht ein solches mit Befriedigungsbefugnis konstituiert wurde.[2]

Bei den weitverzweigten Beziehungen des italienischen Handels war es kein Wunder, daß dieses eigenartige, für den Handelsverkehr besonders geeignete Sicherungs- und Deckungsmittel in der Folgezeit in den Gesetzbüchern der Handelsländer und Handelsstädte der Welt, auch Deutschlands, Aufnahme fand, wo es, wie gesagt, bisher nur als Gewohnheitsrecht gegolten hatte und wo es eine einheitliche, systematische Regelung im Allgemeinen

---

[1] Vgl. Goldschmidt Bd. I, 1 S. 125f., 150f.

[2] Vgl. Planitz S. 61f.

deutschen Handelsgesetzbuche (Art. 313—316) erfuhr. Das ZR. des alten HGB. wurde dann mit ganz geringen Änderungen vom neuen HGB. (§§ 369—372) übernommen.

III. Ergebnis.

Wie die vorstehende Darstellung zeigt, wurzeln das moderne kaufmännische und bürgerliche ZR. im deutschen und zwar, auch das erstere, im deutschen bürgerlichen Rechte, fließen sie beide in ihrem Ursprunge aus dem Zusammentreffen von Gewere und Schuld, sind sie beide Nachkommen des deutschen bürgerlichen ZR. Ihre grundbegriffliche Verwandtschaft läßt sich nach alledem nicht bestreiten. Sie sind im Laufe der Zeiten aber nach verschiedenen Richtungen hin umgestaltet worden, so daß sich die verwandten Züge ohne eingehendere geschichtliche Forschung schwer erkennen lassen.

§ 3.

B. Aus dem modernen Recht entwickelt.

Das technisch schlechthin „Kaufmännisches Zurückbehaltungsrecht" genannte Rechtsinstitut der §§ 369—372 HGB. begreift eine Doppelbefugnis des Gläubigers in sich, einmal das Recht, unter bestimmten Voraussetzungen die Herausgabe einer beweglichen Sache oder eines Wertpapiers, zu der er nach seinen rechtlichen Beziehungen zum Schuldner verpflichtet ist, zu verweigern, und sodann das Recht, sich aus diesen Gegenständen für seine Forderung an den Schuldner zu befriedigen. Die gemeinsame Bezeichnung dieser beiden Rechte als „Zurückbehaltungsrecht" ist ungenau, da man von einem solchen nur reden kann, soweit die Herausgabeverweigerungsbefugnis in Frage kommt. Das Befriedigungsrecht aber, das eine selbständige Befugnis, keine Wirkung des Herausgabeverweigerungsrechts darstellt,[1] ist unter dem Namen „Kaufmännisches Zurückbehaltungsrecht" nicht gedeckt. Versteht man sich nicht zu dem etwas schwülstigen Namen „Kaufmännisches Zurückbehaltungs- und Befriedigungs-

[1] Vgl. unten § 4 a. Anf.

recht“, so ist es allerdings kaum möglich, eine gemeinsame erschöpfende Bezeichnung zu finden.[1]

Wir wollen uns zunächst allein mit dem Herausgabeverweigerungsrecht befassen und in diesem Paragraphen nach Gründen im modernen Rechte suchen, die unsere aus der geschichtlichen Betrachtung gewonnene Ansicht von der Verwandtschaft des kaufmännischen mit dem bürgerlichen ZR. bestätigen.

Es ist nicht zu verkennen, daß zwischen beiden ZR. eine Anzahl Unterschiede ihren Voraussetzungen und ihrem Inhalte nach bestehen. So verlangt das BZR. im Gegensatze zum kaufmännischen (§ 370 HGB.) unbedingt Fälligkeit des zur Retention berechtigenden Anspruchs; das bürgerliche ferner befugt zur Verweigerung einer vom Retinenten geschuldeten Leistung schlechthin (§ 273 BGB.), nicht nur wie das kaufmännische einer Sachleistung, sondern auch einer Handlung,[2] ja sogar zur Verweigerung einer Unterlassung;[3] weiter besteht neben dem KZR. die sehr wichtige Befriedigungsbefugnis, die beim bürgerlichen fehlt;[4] im Konkurse des Schuldners endlich zeitigt das KZR. ein Absonderungsrecht, dessen das bürgerliche in der Regel entbehrt.[5, 6]

---

[1] In vorliegender Abhandlung wird die Bezeichnung „Kaufmännisches Zurückbehaltungsrecht oder Retentionsrecht“ teils in engerem (nur für das Herausgabeverweigerungsrecht), teils in weiterem Sinne (für das gesamte Institut der §§ 369—372 HGB.) gebraucht. Wo es im Interesse der Deutlichkeit geboten erscheint, ist der gewollte Sinn ausdrücklich kenntlich gemacht (i. e. S., i. w. S.)

[2] Z. B. der Abgabe einer Willenserklärung, RG. Bd. 59 S. 202.

[3] Vgl. Staudinger Anm. I, 2 zu § 273 und die dort zitierte Literatur.

[4] Vgl. jedoch §§ 1000, 1003 BGB. und unten § 9 a. Anf.

[5] Vgl. unten § 15.

[6] Der Grundsatz der Konnexität, den das BGB. aufstellt, gilt in weiterem Sinne auch für das KZR.; denn der Herausgabeanspruch des Schuldners besteht nur an Gegenständen, die auf Grund von Handelsgeschäften in den Besitz des Gläubigers gelangt sind, und das Herausgabeverweigerungsrecht des Gläubigers nur wegen Forderungen, die aus zwischen ihnen geschlossenen beiderseitigen Handelsgeschäften erwachsen sind; im Verkehr der Kaufleute untereinander verliert das einzelne Geschäft aber seine individuelle Natur, es ist nur ein Glied in der Kette des sie verbindenden Verkehrs; die Konnexität der Ansprüche liegt hier in ihrer Zugehörigkeit zum Handelsgewerbe. Korn S. 31, RG. Bd. 57 S. 7, Bd. 14 S. 234; a. A. Planitz S. 5.

Diese Unterschiede sind indes, wie sich bei genauerem Zusehen ergibt, nur die Folge einer durch die gesteigerten Anforderungen des Handelsverkehrs hervorgerufenen eigenartigen Gestaltung des KZR. Sie sind aber nicht in dem Maße grundlegend, daß sie verwandtschaftliche Beziehung zwischen beiden ZR. ausschlössen. Es findet sich im Gegenteil eine ansehnliche Zahl beachtenswerter Umstände, aus denen die Verwandtschaft hervorgeht:

Zunächst stimmen beide darin überein, daß sie nicht selbständig verfügbare Rechte, mithin nicht Gegenstände im Sinne des BGB. sind,[1] daß sie daher weder durch Verfügungsgeschäft begründet noch durch solches übertragen oder aufgehoben werden können. Sie sind lediglich Begleiterscheinung, Akzessorium des dem Gläubiger zustehenden Anspruchs.

Sodann redet § 369 HGB. kurzerhand von „einem Zurückbehaltungsrecht", setzt also den Begriff „Zurückbehaltungsrecht" als einen schon bekannten voraus und nimmt offenbar Bezug auf eine anderweit gegebene Erläuterung dieses Begriffs;[2] eine solche findet sich aber allein beim BZR. im § 273 BGB.

Die dort ersichtliche Definition entspricht auch dem Wesen des KZR.,[3] das gleichfalls die Befugnis des Retinenten enthält, die von ihm geschuldete Leistung zu verweigern, bis die ihm gebührende Gegenleistung bewirkt wird. Die vom Retinenten geschuldete Leistung ist hier Herausgabe[4] der in seinem Besitze befindlichen beweglichen Sachen und Wertpapiere,[5] zu der er kraft gegnerischen — sei es obligatorischen, sei es dinglichen — Anspruchs an sich verpflichtet, die zu verweigern er aber befugt

---

[1] Vgl. Sohm S. 83f. Beide sind ausschließlich sogen. rechtfertigende Rechte (ohne „Gestaltungsrechte" zu sein); ihre Kraft erschöpft sich in der elementaren Wirkung jedes Rechts, daß sie Handlungen rechtfertigen.

[2] Vgl. Prot. z. BGB. Bd. I S. 313.

[3] A. A. Staub Anm. 1 zu § 369.

[4] Vgl. verba: „Anspruch des Schuldners auf Herausgabe des Gegenstands" in § 369 Abs. 2 HGB.

[5] Vgl. Planitz S. 9 Anm. 12: Wertpapier ist bewegliche Sache, d. h. Ware im Sinne des HGB. Das Gesetz betont durch die besondere Hervorhebung nur den Unterschied zwischen materiellen und formellen Wertträgern.

ist, solange der Schuldner seinen Verbindlichkeiten nicht nachkommt.[1] Von einem ZR. kann schlechterdings nur bei einer an sich bestehenden Herausgabepflicht die Rede sein.

Verwandtschaftliche Beziehung zwischen beiden Rechten spricht auch aus dem Umstande, daß die Reichsgesetze mehrfach unter dem Ausdrucke „Zurückbehaltungsrecht" das kaufmännische zweifellos mitumfassen, ohne das besonders hervorzuheben. So unterliegt es nach der herrschenden Meinung keinem Bedenken, dem Bürgen das Recht aus § 772 Abs. 2 BGB. sowie dem Zwangsvollstreckungsschuldner das aus § 777 ZPO. auch dann einzuräumen, wenn der Gläubiger auf Grund eines KZR. zu Befriedigung gelangen kann.[2]

Die gegenteilige Ansicht, die die Verwandtschaft verneint, könnte sich allerdings darauf stützen, daß bei dem von uns eingenommenen Standpunkte der Abs. 4 des § 369 HGB., der von Abwendbarkeit der Ausübung des KZR. durch Sicherheitsleistung spricht, überflüssig wäre, weil er nur den Abs. 3 des § 273 BGB. wiederholte, der auch ohnedies schon ergänzende Anwendung fände. Die ausdrückliche Aufnahme der Bestimmung des Abs. 4 läßt sich jedoch mit dem Bestreben des Gesetzes rechtfertigen, das namentlich in seinen Entstehungsvoraussetzungen und damit in den Voraussetzungen zu seiner Geltendmachung erheblich vom bürgerlichen abweichende KZR. gerade nach dieser Seite hin

[1] Das Reichsgericht (Bd. 59 S. 202) hat für das BZR. ausgesprochen, daß das unter den Parteien vorliegende Rechtsverhältnis nicht ein obligatorisches im engeren technischen Sinne zu sein brauche, sondern daß das ZR. auch auf Ansprüche Anwendung finde, die aus anderen vom Rechte geordneten Verhältnissen, etwa dinglichen, hervorgingen; für das ZR. müsse vor allem eine gemeinsame Grundlage von Recht und Pflicht vorhanden sein. — Beim KZR. ist der dem Schuldner zustehende Herausgabeanspruch meist ein sowohl obligatorischer wie dinglicher, da die Handelsgeschäfte, auf Grund deren der Gläubiger den Besitz am Zurückbehaltungsgute erlangt, in der Regel Schuldverhältnisse begründen, und da weiter der Schuldner gewöhnlich Eigentümer des Retentionsgegenstandes ist (Ausnahme: § 369 Abs. 1 Satz 2 HGB., wo nur ein obligatorischer Anspruch des Schuldners besteht!).

[2] Sogen. beneficium excussionis realis; vgl. Staudinger Anm. 2 zu § 772, Planck Anm. 2 zu § 772, Fischer-Henle Anm. 7 zu § 772; Gaupp-Stein Anm. IIa zu § 777, Seuffert Anm. 6 zu § 777; unten § 8 unter III.

selbständig und erschöpfend zu regeln. Außerdem aber erklärt sich Abs. 4 aus von jeher herrschender Unklarheit über das Verhältnis der beiden Rechte zueinander.

Wir sehen also, daß sich auch im modernen Rechte eine Reihe Gründe finden, die für unsere[1] aus der geschichtlichen Betrachtung über das Verhältnis des kaufmännischen zum bürgerlichen ZR. gewonnene Ansicht sprechen und sie bestätigen.

Zweiter Teil.

Das Herausgabeverweigerungsrecht.

§ 4.

Bedeutung und Inhalt.

I. Die im KZR. enthaltene Herausgabeverweigerungs- und Befriedigungsbefugnis entstehen kraft Gesetzes auf Grund eines objektiven Tatbestands. Sie erwachsen zu gleicher Zeit und zwar, sobald alle gesetzlichen Entstehungsvoraussetzungen vorliegen, nicht etwa erst mit der Erklärung, daß von ihnen Gebrauch gemacht werde, oder mit dem Gebrauchmachen — der Herausgabeverweigerung oder Einleitung des Befriedigungsverfahrens — selbst.[2]

Das wichtigere von beiden Elementen ist das Befriedigungsrecht; es ist der eigentliche, materiell wesentliche Inhalt, das Endziel des KZR.[3] Es ist Ausfluß der in der persönlichen Haftung des Kaufmanns begründeten Vermögenshaftung sowie des Besitzes, mit dem es eng verknüpft ist und mit dem es steht und fällt. Der auf der Gegnerseite bestehende fällige Herausgabeanspruch und die daraus folgende Verpflichtung des

---

[1] Ebenso Makower Anm. Ia zu § 369, Schlegelberger S. 192; vgl. auch Lehmann § 126 Ziff. 4. Über die Konsequenzen vgl. unten § 7.

[2] Vgl. Makower Anm. Vc zu § 369, Düringer-Hachenburg Note IV 3e zu § 369, Gruchot Bd. 44 S. 1069.

[3] Vgl. D. S. 212, Staub Anm. 1 zu § 371, Endemann § 183 Anm. 84, Sievers S. 290.

Gläubigers zur Ausantwortung des verhafteten Guts würden daher das Befriedigungsrecht zum Erlöschen bringen und den dem nichtbefriedigten Gläubiger zugedachten Schutz illusorisch machen. Diese Ausantwortungspflicht hat in der Regel Zeit genug heranzureifen, bevor der Gläubiger zu Befriedigung gelangt, da das Gesetz den Eintritt der Ausübungsmöglichkeit des bereits zur Entstehung gelangten Befriedigungsrechts vom Vorliegen einiger weiterer Voraussetzungen, insbesondere der Ausklagung eines vollstreckbaren Titels,[1] abhängig macht. Der Gläubiger bedarf deshalb eines Schutzes zur Sicherung unmittelbar der Ausübungsmöglichkeit seines Befriedigungsrechts, mittelbar seiner Ansprüche gegen den Schuldner; dieses Sicherungsmittel wird ihm in der Herausgabeverweigerungsbefugnis gewährt, die insofern der dienende Teil des gesamten Rechtsinstituts ist.

Dem Gesagten scheint der Wortlaut des § 371 Abs. 1 Satz 1 HGB.: „Der Gläubiger ist k r a f t des ZR. befugt . . .“ zu widersprechen. Denn er erweckt den Anschein, als müsse der Eintritt der Herausgabeverweigerungsbefugnis zeitlich dem des Befriedigungsrechts vorausgehen und als habe letzteres seine materielle Grundlage im ZR., sei dessen Wirkung. Das Wort „Zurückbehaltungsrecht“ ist an der genannten Stelle aber im weiteren Sinne gebraucht; das Gesetz will sagen, daß der Gläubiger inhaltlich des gesamten Rechtsinstituts zur Befriedigung befugt ist.[2]

Die Bedeutung des Herausgabeverweigerungsrechts erschöpft sich indes nicht in der erwähnten Aufgabe. Es ist nicht in dem Maße untergeordnetes Element des KZR. (i. w. S.), daß es gegenstandslos würde, wenn der Gläubiger von seiner Befriedigungsbefugnis keinen Gebrauch machen wollte[3] oder könnte. Das

---

[1] Vgl. unten § 11.

[2] Auch wenn man das Wort „Zurückbehaltungsrecht“ als im engeren Sinne gebraucht auffaßt, schwindet der Widerspruch durch die Erwägung, daß die Ausdrucksweise des Gesetzes offenbar nur aus technischen Gründen um der Kürze willen gewählt ist und damit ausgedrückt sein soll, daß der Gläubiger, der unter gewissen Voraussetzungen ein ZR. hat, unter den gleichen auch zur Befriedigung befugt ist. Dafür spricht die weniger mißverständliche, wenn auch nicht ganz einwandfreie Fassung des Art. 315 AHGB.: der Gläubiger, welchem das ZR. . . . zusteht, ist befugt . . .

[3] Er ist zur Befriedigung nicht verpflichtet; vgl. unten § 9.

Recht, die Herausgabe des schuldnerischen Guts zu verweigern, bleibt gleichwohl mit eigener Tendenz und Wirkung[1] bestehen, wenn das Gut entweder tatsächlich — sei es, weil der voraussichtliche Erlös geringer sein wird als die Versteigerungskosten, sei es, weil niemand bietet — oder rechtlich — wegen mangelnder Genehmigung eines Dritten — unverwertbar ist. Das Reichsgericht (Bd. 36 S. 39) hat daher die kaufmännische Zurückbehaltung von vinkulierten Aktien und vinkulierten Interimsscheinen selbst dann nicht für wertlos erachtet, wenn die Ausübung der Befriedigungsbefugnis dadurch unmöglich wird, daß die Gesellschaft die Genehmigung zum Zuschlag an den Käufer versagt. „Die Ausübung des Verkaufsrechts kann nicht in dem Sinne als ein wesentlicher Bestandteil des KZR. angesehen werden, daß ein ZR. immer nur dann anerkannt werden dürfte, wenn zugleich die Möglichkeit der Ausübung der im Art. 315 gewährten Befugnis unbedingt sichergestellt ist. Die Zurückbehaltung behält ihren Wert auch abgesehen von der Verkaufsbefugnis, indem sie indirekt den Schuldner zwingt, behufs Wiedererlangung der Sachen den Gläubiger zu befriedigen.“

II. Das Herausgabeverweigerungsrecht enthält, wie bereits erwähnt, die Befugnis des an sich zur Herausgabe schuldnerischen Guts verpflichteten Gläubigers, dieses in seinem Besitze zurückzubehalten, wenn und solange der Schuldner seinen Verpflichtungen nicht nachkommt; es berechtigt m. a. W. zur Zurückweisung des gegnerischen Anspruchs, behaftet diesen mit einer Einrede. Diese kommt nicht allein gegenüber der Klage des Schuldners auf Herausgabe,[2] also im Prozeß zur Geltung, sondern hat auch außerhalb desselben eine Wirkung, die in Sicherung des Gläubigers zwecks Deckung besteht.

„Das Herausgabeverweigerungsrecht ausüben“ heißt: von der in ihr liegenden Befugnis in concreto Gebrauch machen.

Die Herausgabeverweigerung besteht in Verweigerung der Besitzesherausgabe. Daher ist in den Fällen, in denen der Zurückbehaltungsgegenstand dem Gläubiger selbst gehört,[3] dessen

[1] Vgl. unten §§ 5, 7. [2] Vgl. unten § 7 unter I.

[3] § 369 Abs. 1 Satz 2 HGB., eine Neuerung gegenüber dem AHGB.; Beispiele gibt die D. S. 211. Ein praktisch häufig vorkommender, von der

Recht auf Verweigerung nur der Besitzesübertragung zu beschränken, so daß er, solange Befriedigung nicht erfolgt ist, zur Eigentumsübertragung verpflichtet bleibt. Natürlich kann aber der Schuldner nicht verlangen, daß der Gläubiger eine Form der Übertragung wählt, durch die er sich des KZR. begibt, also nicht Eigentumsübertragung durch Tradition[1] fordern.

§ 5.

Zweck und Umfang.

I. Die Frage nach dem Zwecke des KZR. hat in Theorie und Praxis eine einheitliche Beantwortung nicht gefunden. Die einen ersehen in ihm ein Zwangs-,[2] die anderen ein Sicherungsmittel,[3] dritte meinen, es sei beides.[4] Um die richtige Lösung zu finden, muß man das ZR. unter doppeltem Gesichtspunkte betrachten, einmal von der faktischen und dann von der rein rechtlichen Seite aus.

Daß es faktisch nicht nur geeignet ist, dem Gläubiger Sicherung zu gewähren, sondern auch auf den Schuldner einen mittelbaren Zwang zur Erfüllung seiner Verpflichtungen gegenüber dem Retinenten auszuüben, ist kaum zu bezweifeln. Unter Umständen kann dem Gläubiger an dem Zwange (etwa durch Zurückbehaltung einer für den Schuldner besonders wertvollen oder gar unentbehrlichen Ware) mehr als an der Sicherung liegen. Man denke beispielsweise an den Fall, daß gerade die Lieferung gewisser Waren seitens des Schuldners für den Gläubiger deshalb von höchster Bedeutung ist, weil ihre Erlangung diesem den Ruf

D. nicht erwähnter Fall ist der, daß eine Ware zu fiduziarischen Zwecken dem Gläubiger zu Eigentum übertragen worden ist; sie kann nach erledigtem Sicherungszweck vom Gläubiger retiniert werden.

[1] § 929 Satz 1 BGB.; wohl aber ist Eigentumsübertragung durch constitutum possessorium (§ 930) möglich, denn der mittelbare Besitz des Erwerbers als das schwächere Recht vermag das ZR. des unmittelbaren Besitzers nicht zu überwinden.

[2] Thoel S. 133.

[3] Korn S. 76, Planitz S. 18, Staub Anm. 54 zu § 369, ROHG. Bd. 2 S. 383.

[4] Langfeld S. 162, RG. Bd. 36 S. 39; vgl. oben S. 16.

eines leistungsfähigen und zuverlässigen Geschäftsmannes einbringt oder erhält. Abgesehen davon erspart der Kaufmann Zeit und Mühe, wenn er schon durch den in der Zurückbehaltung liegenden Zwang zum Ziele gelangt und nicht erst den Weg des Befriedigungsverfahrens einschließlich der Ausklagung eines vollstreckbaren Titels zu beschreiten braucht.

Was das ZR. aber rein rechtlich, nach dem Willen des Gesetzes bezielt, ergibt sich einmal aus dem oben in § 4 dieser Abhandlung unter I Gesagten, wonach sich das ZR. als Sicherungsmittel darstellt, und sodann unzweideutig auch aus dem Abs. 4 des § 369 HGB., der bestimmt, daß der Schuldner die Ausübung des ZR. durch Sicherheitsleistung abwenden kann. Diese Vorschrift hat nur Sinn, wenn das Retentionsrecht als Sicherungsmittel gedacht wird, wäre indes, wenn es Zwangsmittel sein sollte, eine starke Inkonsequenz. Denn als letzteres müßte es bezwecken, durch Zurückbehaltung auf die Erfüllungsbereitschaft des Schuldners ohne Nachsicht einzuwirken. Ein derartiges Zwangsmittel wäre aber illusorisch, wenn der Schuldner, wie es tatsächlich zulässig ist, ganz nach seinem Gutdünken die Retention durch Sicherheitsleistung abwenden könnte. Auch die geschichtliche Entwicklung des KZR. zeigt, daß es dazu geschaffen ist, zu verhüten, daß der Gläubiger das durch die Sachlage von selbst gegebene präsente Sicherungsmittel für seine Ansprüche aus der Hand geben müßte; von jeher ist es nicht ein Mittel des versteckten Angriffs, sondern lediglich ein Mittel der Abwehr rechtlicher Nachteile gewesen, und als solches ist es auch heute noch anzusehen.[1]

II. In engem Zusammenhange mit der Frage nach dem Zwecke steht auch die nach dem Umfange des Herausgabeverweigerungsrechts in Ansehung der Zurückbehaltungsgegenstände. Das HGB. trifft darüber keine Bestimmungen. Mit Rücksicht auf den dem ZR. innewohnenden Sicherungsgedanken ist eine Retention nur so weit zulässig, als sie zur Sicherung des Gläubigers

---

[1] Aus dem gleichen Grunde ist auch das BZR. Sicherungsmittel; vgl. Schlegelberger S. 102, Düringer-Hachenburg Note III 2 zu § 369, OLGRspr. Bd. 11 S. 410.

geboten erscheint. Die Sicherung aber ist dann ausreichend, wenn der Wert der Forderung des Gläubigers dem präsumtiv niedrigsten Erlöse aus dem Zurückbehaltungsgegenstande entspricht.[1] Daher wird bei nachträglicher Minderung des Werts der Forderung (etwa durch teilweise Befriedigung) der Umfang des Herausgabeverweigerungsrechts auf das zur Sicherung des Gläubigers genügende Maß zurückgehen und sich umgekehrt bei nachträglicher Erhöhung des Werts der Forderung, sofern das möglich ist, entsprechend erweitern müssen. Ersterenfalls kann bei Teilbarkeit des Retentionsobjekts (wenn etwa eine Quantität vertretbarer Sachen den Gegenstand des ZR. bildet) der Überschuß ohne Sicherheitsleistung vom Schuldner herausverlangt werden.[2]

Hierin unterscheidet sich das KZR. wesentlich vom Pfandrecht, für das der Grundsatz: „pignoris causa est indivisa" gilt. Dieses umfaßt ohne Rücksicht auf ihre Teilbarkeit alle Sachen, die in das Pfandrecht fallen, selbst wenn der Wert der gesicherten Forderung geringer ist als derjenige der Pfänder. Der Pfandgläubiger darf auch dann alle Pfandsachen so lange in seinem Pfandbesitze behalten, bis er ganz befriedigt ist; nur zum Verkaufe darf er nicht mehr stellen, als die Befriedigung erheischt (§§ 1222, 1230 BGB.).

Über den Umfang des Herausgabeverweigerungsrechts in Ansehung der zu sichernden Forderung findet sich im Gesetze gleichfalls keine Vorschrift. Man ist hier auf analoge Anwendung der Bestimmungen beim Pfandrecht angewiesen, die wegen der Natur des KZR. wie des Pfandrechts als Sicherungsmittel für Forderungen statthaft ist.[3] Darnach haftet der Retentionsgegenstand außer für die Forderung auch für Zinsen, für Vertragsstrafen und alle sonstigen aus dem Besitze der Ware resultierenden Kosten, insbesondere die der Erstattung von Verwendungs-

---

[1] Vgl. v. Hahn § 15 zu Art. 313.

[2] ROHG. Bd. 2 S. 383, Lehmann-Ring Anm. 18 zu § 369; auch die Grundsätze von Treu und Glauben führen zu diesem Ergebnis; vgl. Düringer-Hachenburg Note XII zu § 369, RG. Bd. 61 S. 133.

[3] Staub Anm. 57 zu § 369, Makower Anm. IIIb zu § 369, RG. Bd. 1 S. 284.

ansprüchen, der Rechtsverfolgung sowie des Befriedigungsverfahrens.[1] Insoweit wächst die Forderung des Gläubigers und damit der Umfang seines ZR.

§ 6.

Wirkung gegen Dritte.

I. Das Herausgabeverweigerungsrecht richtet sich in der Regel gegen den Schuldner, nach § 369 Abs. 2 HGB. in beschränktem Maße aber auch gegen Dritte und zwar insoweit, als ihnen die Einwendungen gegen den Anspruch des Schuldners auf Herausgabe des Retentionsgegenstands entgegengesetzt werden können.

Mit der Vorschrift in Abs. 2 hat das neue HGB. zu der vielfach umstrittenen Frage, ob das KZR. dinglich oder persönlich wirke, Stellung genommen und sich im Einklang mit der herrschenden Meinung für dessen persönlichen Charakter ausgesprochen.[2]

Der wenig klar gefaßte Abs. 2 bezweckt Schutz des Gläubigers gegen ihn beeinträchtigende Verfügungen des Schuldners über den Retentionsgegenstand, denn ohne die darin getroffene Bestimmung würde das ZR. seiner persönlichen Natur wegen dem Dritten gegenüber nicht geltend gemacht werden können. Er regelt die Wirkung der Zurückbehaltungsbefugnis für den Fall, daß nach[3] ihrer Entstehung die dem Schuldner gehörige retinierte bewegliche Sache[4] an einen Dritten veräußert oder zugunsten eines Dritten belastet wird und daß dabei einmal kein Wechsel

---

[1] § 1210 BGB., ROHG. Bd. 2 S. 383.

[2] Vgl. D. S. 211, Staub Anm. 33 zu § 369 (erst neuerdings, vgl. dagegen die 6./7. Aufl. a. a. O.), Düringer-Hachenburg Note VI zu § 369, Dernburg § 283 Ziff. 4, Cosack § 31 II, RG. Bd. 8 S. 83.

[3] Ist zur Zeit der Entstehung des ZR. ein Dritter am Zurückbehaltungsgegenstande bereits dinglich berechtigt, so steht das Recht des Dritten dem Erwerbe des ZR. durch den Gläubiger nicht entgegen; doch wird dadurch das Recht des Dritten nicht berührt; es geht dem ZR. vor. Der gute Glaube verhilft dem Retinenten nicht zum Siege über das vorhandene Recht.

[4] § 369 Abs. 2 HGB. kommt für retinierte Wertpapiere nicht in Betracht, da eine Verfügung über sie ohne Besitz des Schuldners nicht möglich ist.

im Besitze des Gläubigers eintritt und weiter die Verfügung vom Schuldner vorgenommen wird, so daß von ihm der neue Eigentümer oder der dinglich Berechtigte ihre Rechte herleiten.[1]

Eine Veräußerung des Retentionsguts ohne Besitzwechsel ist allein im Wege der Abtretung des Herausgabeanspruchs seitens des Schuldners an den Dritten denkbar (§ 931 BGB.). Überträgt der Schuldner in dieser Weise sein Eigentum, so kann nach § 986 Abs. 2 BGB., auf den § 369 Abs. 2 HGB. Bezug nimmt, der Besitzer der Sache dem neuen Eigentümer die Einwendungen entgegensetzen, die ihm gegen den abgetretenen Anspruch zustehen (der Eigentümer soll nach dem Willen des Gesetzes den Herausgabeanspruch nur mit denjenigen Beschränkungen, denen er unterworfen ist, abtreten dürfen), d. h., auf das KZR. angewendet, der Retinent darf, da ihm gegen den abgetretenen Herausgabeanspruch des Schuldners das ZR. zusteht, dieses auch dem dritten Erwerber entgegensetzen.[2]

Das Gesetz läßt die Einwendungen nur bei Eigentumswechsel dem neuen Eigentümer gegenüber zu. Die Denkschrift (S. 211) will aber die Vorschrift des § 986 Abs. 2 BGB. auch gegen den Nießbraucher und den Pfandgläubiger angewendet wissen, dem der Nießbrauch oder das Pfandrecht am Retentionsgegenstand nach Entstehung des KZR. bestellt worden ist. Diese Ausdehnung erscheint aus folgenden Gründen unbedenklich: Die Nießbrauchsbestellung an einer beweglichen Sache richtet sich nach den für die Eigentumsübertragung maßgebenden Grundsätzen und ist, wie das Gesetz ausdrücklich hervorhebt, auch in Form der Abtretung des Herausgabeanspruchs zulässig (§ 1032 BGB.); bei den Bestimmungen über die Pfandrechtsbestellung (§ 1205 BGB.)

---

[1] § 369 Abs. 2 HGB. enthält keinen Hinweis auf § 404 BGB.; unter Herausgabeanspruch ist nur der dingliche zu verstehen; vgl. Makower Anm. VIb, 2 zu § 369.

[2] § 986 Abs. 2 BGB. betrifft gerade die Einwendungen aus einem dem Besitzer gegen den Veräußerer zustehenden persönlichen Rechte. Dieses bleibt ein persönliches, wird aber in bestimmter Richtung mit einer dinglichen Wirkung ausgestattet. „Hier bewährt der Fahrnisbesitz die von der Gewere ererbte Kraft, die äußere Sachherrschaft unabhängig von dem inneren sachenrechtlichen Verhältnisse zur dinglichen Rechtsstellung zu verstärken“ (Gierke S. 45).

wird zwar nicht auf den in § 986 Abs. 2 BGB. Bezug genommenen § 931 BGB. verwiesen, doch kann nach § 1205 Abs. 2 BGB. die Übergabe einer im mittelbaren Besitze des Eigentümers befindlichen Sache durch Übertragung des mittelbaren Besitzes auf den Pfandgläubiger sowie durch Verständigung des unmittelbaren Besitzers von der Verpfändung ersetzt werden, weiter nach § 870 BGB. die Übertragung des mittelbaren Besitzes durch Abtretung des Herausgabeanspruchs erfolgen.[1]

II. Wie bereits erwähnt, findet § 369 Abs. 2 HGB. nur Anwendung, wenn der Dritte sein Recht vom Schuldner herleitet; ist der Rechtserwerb dagegen an einen anderen Tatbestand geknüpft, so schlägt der genannte Paragraph nicht ein. Ein solcher Fall liegt vor, wenn der zurückbehaltungsberechtigte Gläubiger, etwa als Verkäufer, eine im Eigentume des Schuldners stehende Ware diesem durch den Spediteur oder Frachtführer zusenden läßt oder sie einem Lagerhalter oder Kommissionär übergibt und wenn einer von diesen Dritten ein gesetzliches Pfandrecht an ihr erwirbt (D. S. 212). Da KZR. und Pfandrecht beide Besitz des Gläubigers zur Voraussetzung haben, muß hier die Übersendung oder die Übergabe in der Weise erfolgt sein, daß der Dritte unmittelbaren Besitz eingeräumt bekommt und der Retinent mittelbaren behält.[2] Bei derartigem Zusammentreffen von KZR. mit einem gesetzlichen Pfandrechte muß, da § 369 Abs. 2 HGB. versagt, das schwächere obligatorische ZR. dem stärkeren dinglichen Pfandrechte weichen.

Kompliziert sich der Sachverhalt noch dadurch, daß der Kommissionär unter Beibehaltung mittelbaren Besitzes den unmittelbaren an der ihm von einem Zurückbehaltungsgläubiger übergebenen Ware zum Zwecke der Beförderung auf einen Frachtführer übertragen hat und daß dem Kommissionär wegen einer nicht aus der Versendung (sondern etwa wegen seiner Provision, wegen gegebener Wertvorschüsse oder Darlehen; § 397 HGB.) sowie dem Frachtführer wegen einer nicht aus Vorschüssen ent-

---

[1] Gierke S. 44.

[2] Mittelbarer Besitz des Gläubigers genügt zum Bestehen des KZR., wenn ein Dritter — nicht der Schuldner — den unmittelbaren hat; vgl. Staub Anm. 27 zu § 369, Dernburg § 283, 1b, Planitz S. 12.

standenen Forderung je ein gesetzliches Pfandrecht erwachsen ist, so gehen die gesetzlichen Pfandrechte dem KZR. und unter ersteren nach § 443. HGB. das des Frachtführers dem des Kommissionärs vor.

Schutz genießt der Dritte auch dann, wenn über eine Ware ein auf Ordre lautender und durch Indossament begebener Lagerschein, Konnossement oder Ladeschein ausgestellt ist (D. S. 212). Dann nämlich kann der Auslieferungspflichtige dem legitimierten Besitzer der Urkunde als dem Dritten ein ihm wegen einer gegen den Zwischenbesitzer begründeten Forderung zustehendes KZR. nicht entgegensetzen. Das ergibt sich aus § 364 Abs. 2 HGB. sowohl wie aus der Erwägung, daß der Dritte durch das Indossament originäres, nicht vom Zwischenbesitzer abgeleitetes Eigentum an der Ware erwirbt, also auch argumento e contr. aus § 369 Abs. 2 HGB.

Das ZR. muß ferner weichen, wenn es mit einem durch Konkurseröffnung über das Vermögen des Destinatärs entstandenen Verfolgungsrechte des Absenders (§ 44 KO.) zusammentrifft. Über dieses Ergebnis herrscht in Theorie und Praxis allgemein Einigkeit,[1] wenn auch die Wege, auf denen man dazu gelangt, je nach der Auffassung von der rechtlichen Natur des Verfolgungsrechts verschieden sind. Staub (a. a. O.) ersieht in ihm ein dingliches Recht und gibt ihm als dem stärkeren den Vorrang vor dem schwächeren obligatorischen ZR. Jaeger (a. a. O.) dagegen meint, es sei ein persönliches Recht des Absenders gegen den Empfänger, und leitet seine Ansicht, daß das KZR. hinter das später entstandene Verfolgungsrecht zurücktrete, aus einem Gegenschluß aus § 369 Abs. 2 HGB. her: Dem KZR. sei eine Wirkung gegen den Absender zu versagen, weil dieser ein eigenes, nicht ein vom Empfänger (Schuldner) abgeleitetes Recht geltend mache. Ein näheres Eingehen auf das Wesen des Verfolgungsrechtes würde zu weit führen; wir müssen uns daher hier mit der Feststellung des Ergebnisses und der Angabe der hauptsächlichsten

[1] Vgl. D. S. 212, Staub Anm. 37 zu § 369, Anm. 100 zum Exkurs zu § 382, Makower Anm. IVd zu § 369, Düringer-Hachenburg Note IVc zu § 369, Jaeger Anm. 29 zu § 44, ROHG. Bd. 6 S. 308, RG. Bd. 8 S. 85.

Wege dahin begnügen. Es ist nicht zu verkennen, daß sich die Lösung der Frage am einfachsten gestaltet, wenn man dem Verfolgungsrechte dinglichen Charakter beilegt.

Endlich ist noch die Wirkung des ZR. gegenüber Vollstreckungshandlungen, die ein Dritter gegen das Retentionsgut vornimmt, zu erörtern. Hat der Retinent Gewahrsam[1] am Zurückbehaltungsgegenstande, so kann er die Vollstreckungshandlung des Dritten dadurch verhindern, daß er die Herausgabe an den Gerichtsvollzieher verweigert, denn dieser darf nur bei einem zur Herausgabe bereiten Dritten pfänden.[2] Nimmt der Gerichtsvollzieher gleichwohl, sei es gegen den erklärten Willen des Retinenten, sei es, ohne dessen Zustimmung eingeholt zu haben, die Pfändung vor, so ist diese unwirksam;[3] der Vollstreckungsgläubiger erwirbt daher kein Pfändungspfandrecht, und der Retinent ist befugt, sowohl Einwendung gegen die Art und Weise der Vollstreckung nach § 766 ZPO. als auch Widerspruchsklage nach § 771 ZPO., beide vor dem Vollstreckungsgerichte, zu erheben.

Hat der Retinent aber nur mittelbaren Besitz oder kann er nur mittels Lagerscheins, Konnossements oder Ladescheins über das Zurückbehaltungsgut verfügen[4] und ist die Pfändung beim zur Herausgabe bereiten unmittelbaren Besitzer vorgenommen worden, so kann er die Exekution selbst nicht vereiteln; der Vollstreckungsgläubiger erwirbt auch ein wirksames Pfändungspfandrecht. Doch hat der Retinent in diesem Falle die Möglichkeit, nach § 771 ZPO. vorzugehen, da das KZR. ein die Veräußerung hinderndes Recht darstellt.

---

[1] Nach Gaupp-Stein (Anm. II zu § 808) ist Gewahrsam im Sinne der ZPO. die tatsächliche Herrschaft über die Sache, also der Besitz des BGB. mit Ausnahme des mittelbaren. Keinen Gewahrsam hat der Besitzdiener und derjenige, der durch Lagerschein, Konnossement oder Ladeschein über die Sache verfügen kann.

[2] § 809 ZPO. Das Gesagte gilt auch bei retinierten Wertpapieren; vgl. §§ 808, 821, 831 ZPO.

[3] Vgl. Gaupp-Stein Anm. III zu § 809, Gruchot Bd. 44 S. 186, RG. Bd. 14 S. 365.

[4] Vgl. Gaupp-Stein Anm. I zu § 805. Beachte „Gewahrsam“ in § 808 und „Besitz“ in § 805 ZPO.

Der Zurückbehaltungsgläubiger kann aber auch der Pfändung seitens des Dritten, ohne gegen sie in der beschriebenen Weise einzuschreiten, freien Lauf lassen und lediglich abgesonderte Befriedigung aus dem Versteigerungserlös verlangen. Solche kommt ihm zu, da dem KZR. dem später entstandenen Pfändungspfandrecht gegenüber der Vorrang gebührt, was sich daraus ergibt, daß das KZR. im Konkurse dem Faustpfandrechte gleichgestellt ist (§§ 49 Ziff. 4 KO., 804 Abs. 2 ZPO.). Wird das Recht des Retinenten auf abgesonderte Befriedigung vom Zwangsvollstreckungsgläubiger bestritten (eine Art Prioritätsstreit), so ist jener befugt, mag er unmittelbarer oder mittelbarer Besitzer sein, seinen Anspruch klageweise zu verfolgen (§ 805 ZPO.). Läßt der Retinent die Pfändung durch den Dritten geschehen, so muß er sich bei Ausantwortung des Zurückbehaltungsguts seinen Anspruch auf vorzugsweise Befriedigung vorbehalten.

§ 7.

Wirkung gegenüber der Klage des Schuldners auf Herausgabe des Zurückbehaltungsgegenstands. Verjährung des Herausgabeanspruchs.

I. Darüber, welche Wirkung die einredeweise[1] Geltendmachung des Herausgabeverweigerungsrechts im Rechtsstreite des Schuldners auf Herausgabe des Zurückbehaltungsgegenstands hat, sind die Meinungen geteilt. Die einen erklären sich für Klagabweisung,[2] die anderen für Verurteilung des Retinenten zur Erfüllung Zug um Zug.[3] In Verfolg der von uns vertretenen Auffassung über das Verhältnis des kaufmännischen zum bürgerlichen ZR. sind auf ersteres, soweit dem nicht zwingende Bestimmungen des HGB. entgegenstehen, die Vorschriften über das letztere ergänzend anzuwenden. Aus diesem Grunde hat man sich mit Rücksicht auf § 274 BGB. der Ansicht anzuschließen,

---

[1] Eine Berücksichtigung von Amts wegen findet nicht statt, RG. Bd. 2 S. 74.

[2] Planitz S. 16 Anm. 1.

[3] Schlegelberger S. 194, Staub Anm. 64 zu § 369, Makower Anm. Ib zu § 369, OLGRspr. Bd. 11 S. 410.

nach der die Geltendmachung des KZR. zur Verurteilung des Retinenten zur Zug um Zug-Leistung führt. Dafür spricht auch die in § 1223 Abs. 2 BGB. für das Pfandrecht getroffene Bestimmung, daß der Verpfänder die Rückgabe des Pfandes gegen Befriedigung des Pfandgläubigers Zug um Zug verlangen kann.

Demgegenüber könnte vielleicht jemand einwenden, die Denkschrift wolle, wenn sie § 986 Abs. 2 BGB. als auf das KZR. anwendbar erklärt, auch Abs. 1 dieses Paragraphen angewendet wissen, spreche sich mithin stillschweigend für Klagabweisung aus. Dieser Schluß ist indes nicht zwingend, da auch für das BZR. § 986 Abs. 2 BGB. anwendbar ist,[1] gleichwohl aber Abs. 1, soweit es sich um die Wirkung einer Klage handelt, durch § 274 BGB. ersetzt wird.[2]

Die Vollstreckung des auf Verurteilung zur Zug um Zug-Leistung lautenden Erkenntnisses erfolgt nach den §§ 726, 756 ZPO. Darnach hat der Vollstreckungsgläubiger (Schuldner in Ansehung des ZR.) ein unbedingtes Recht auf Erteilung der Vollstreckungsklausel und braucht den Beweis der seinerseits erfolgten Leistung oder des Annahmeverzugs des Vollstreckungsschuldners (Retinenten) erst beim Beginn der Zwangsvollstreckung zu führen. Der den Herausgabeanspruch vollstreckende Gerichtsvollzieher darf die Exekution erst dann beginnen, wenn er dem Vollstreckungsschuldner die ihm gebührende Leistung in einer den Annahmeverzug begründenden Weise angeboten hat, es sei denn, daß der Beweis der Befriedigung oder des Annahmeverzugs des Schuldners durch öffentliche oder öffentlich beglaubigte Urkunden erbracht und eine Abschrift dieser Urkunden dem Schuldner vorher oder gleichzeitig zugestellt wird.

II. Unsere Ansicht über die Beziehung des kaufmännischen zum bürgerlichen ZR. ist sodann noch für die Verjährung des schuldnerischen Herausgabeanspruchs von wesentlichem Einflusse. Unter ergänzender Anwendung von § 202 Abs. 2 BGB. auf das KZR. gelangt man zu dem Ergebnis, daß der Lauf der Ver-

---

[1] Auch der bürgerliche Retinent hat ein Recht zum Besitz; vgl. Planck Anm. 1a β zu § 986, Staudinger Anm. 1c zu § 986, OLGRspr. Bd. 4 S. 27.

[2] Vgl. Kretzschmar Anm. 4 zu § 986.

jährung durch die Retention keine Hemmung erleidet. Dieses Resultat findet eine Stütze auch in den Gründen, aus denen der Einrede des BZR. eine die Verjährung hemmende Wirkung versagt wird und die auch für das KZR. zutreffen. Diese Gründe sind die, daß das ZR. nicht bezweckt, dem Schuldner einen Aufschub der Leistung zu gewähren, und daß der Schuldner nicht nur jederzeit imstande, sondern auch verpflichtet ist, durch Erfüllung das Einrederecht zu beseitigen.[1]

§ 8.

Rechte und Pflichten des Gläubigers und des Schuldners.

Das ZR. bringt eine Anzahl Rechte und Pflichten der Beteiligten mit sich.

I. Der Gläubiger hat zunächst alle Rechte des Besitzers. Geht er freiwillig oder unfreiwillig seines Besitzes verlustig, so erlischt das ZR. Doch stehen ihm bei unfreiwilligem Verluste[2] zwecks Wiedererlangung die Schutzmittel der §§ 859f. BGB. (das Selbsthülferecht des § 859 sowie die moderne Spolienklage des § 861) und die Klage aus § 1007 BGB.[3] zu Gebote. Letztere richtet sich nicht allein gegen den bösgläubigen, sondern bei anderen Sachen als Geld und Inhaberpapieren auch gegen den gutgläubigen Besitzer, ja sogar gegen den bösgläubigen Eigentümer. Erlangt der Gläubiger den Besitz zurück, so lebt sein ZR. wieder auf, falls die übrigen Voraussetzungen des ZR. noch bestehen.

Er hat weiter Anspruch auf Ersatz der von ihm auf den Retentionsgegenstand gemachten notwendigen Verwendungen (§§ 994, 995 BGB.) und anderer als notwendiger, soweit sie den Wert des zurückbehaltenen Guts erhöhen (§ 996 BGB.), oder er sie als dem Interesse und dem wirklichen oder mutmaßlichen Willen des Schuldners entsprechend den besonderen Umständen

---

[1] Motive Bd. I S. 314.

[2] Bei bloßer Besitzstörung die actio negatoria des § 862 BGB.

[3] Die sogenannte petitorische Verfolgungsklage aus früherem Besitze; andere petitorische Rechtsbehelfe hat er nicht, da das KZR. nicht dinglicher Natur ist; anders beim Pfandrecht, § 1227 BGB.

nach für erforderlich halten durfte.[1] Auch kann er Ersatz aller Kosten, insbesondere von Lagergeld,[2] verlangen, die ihm durch die Retention erwachsen sind.

II. Auf der anderen Seite trifft den Gläubiger bei der Ausübung seines Rechts die Sorgfaltspflicht eines „ordentlichen Kaufmanns" (§ 347 HGB.). Was unter solcher Sorgfaltspflicht zu verstehen ist, darüber läßt sich eine allgemeine Regel kaum aufstellen. Die Definition, es sei diejenige Sorgfalt, die ein gewissenhafter, verständiger Kaufmann des betreffenden Handelszweigs und in der betreffenden gewerblichen Stellung (Groß- oder Kleinkaufmann) anwendet, ist noch zu abstrakt. Welches Maß von Sorgfalt von dem dazu Verpflichteten verlangt wird, kann nur mit Rücksicht auf die besondere Natur des Einzelfalls und an der Hand der Verkehrssitte beurteilt werden. Die konkreten Verhältnisse geben den Maßstab; außerordentliche Umstände können eine außerordentliche Tätigkeit erheischen.[3]

Die Sorgfaltspflicht eines ordentlichen Kaufmanns verbindet den Retinenten vornehmlich zur Aufbewahrung des Zurückbehaltungsgegenstands und bei dessen drohendem Verderb, soweit tunlich, zur Anzeige an den Schuldner (vgl. § 1218 Abs. 2 BGB.), damit dieser die nötigen Vorkehrungen treffen kann; sodann zur Benachrichtigung des Schuldners von der Ausübung des ZR., sofern das Unterlassen der Mitteilung gegen Treu und Glauben verstoßen würde;[4] bei Retention von Wertpapieren endlich zur

---

[1] §§ 1216, 670, 683 BGB. Zu teilen ist die PLANITZsche Ansicht (S. 16 Anm. 16), daß die nicht auf die Befriedigung bezüglichen Vorschriften des BGB. für das Pfandrecht zum Teil, wenn auch mit Vorsicht, auf das KZR. anwendbar seien; vgl. auch DÜRINGER-HACHENBURG Note V zu § 371.

[2] Vgl. RG. Bd. 1 S. 284.

[3] Vgl. ROHG. Bd. 15 S. 177.

[4] Die Vorschrift in Art. 315 Satz 1 AHGB., nach der der Gläubiger verpflichtet war, den Schuldner von der Ausübung des ZR. ohne Verzug zu benachrichtigen, hat im neuen HGB. keine Aufnahme gefunden. Gleichwohl ist dadurch im Endergebnis so gut wie nichts geändert, denn schon nach dem AHGB. zog das Unterlassen der Benachrichtigung nicht Verlust des ZR. für den Gläubiger nach sich, verpflichtete ihn vielmehr nur zum Schadensersatze (vgl. LABAND S. 499, v. HAHN Anm. 7 zu § 7 zu Art. 315), und auch heute noch fordern, wie gesagt, in den meisten Fällen kauf-

Vornahme derjenigen Handlungen, die zur Erhaltung der verbrieften Rechte erforderlich sind: bei Wechseln also zu rechtzeitiger Präsentation und Protesterhebung, zu rechtzeitiger Notifikation des Vormannes vom Notleiden, bei Coupons und Dividendenscheinen zu rechtzeitiger Einziehung.

Nach § 347 Abs. 2 HGB. bleiben jedoch die Vorschriften des BGB. unberührt, nach denen ein Schuldner in bestimmten Fällen nur grobe Fahrlässigkeit zu vertreten oder nur für diejenige Sorgfalt einzustehen hat, die er in eigenen Angelegenheiten anzuwenden pflegt. Hierher gehört der wichtige Fall, daß ein Schuldner nur gegen eine Leistung des Gläubigers zu leisten verpflichtet ist und der Gläubiger dadurch in Verzug gerät, daß er zwar die ihm vom Schuldner angebotene Leistung anzunehmen bereit ist, die verlangte Gegenleistung aber nicht anbietet (§ 298 BGB.); dann nämlich hat der Schuldner während des Gläubigerverzugs nur Vorsatz und grobe Fahrlässigkeit zu vertreten (§ 300 Abs. 1 BGB.). Ist unter den gleichen Umständen der Schuldner aus § 369 HGB. zurückbehaltungsberechtigt, der im Verzuge befindliche Gläubiger mithin Retentionsschuldner, so tritt verminderte Haftung des Retinenten ein. Beispiel: Der Käufer stellt eine empfangene Ware dem Verkäufer zur Verfügung und bietet ihm deren Rücklieferung gegen Erstattung der Spesen und Kosten vorausgegangener Beweissicherung an; der Verkäufer ist zwar zur Annahme der Ware bereit, verweigert aber die Begleichung der Ersatzansprüche; der Käufer retiniert aus diesem Grunde.

Durch schuldhafte Verletzung der Sorgfaltspflicht macht sich der Retinent für allen entstehenden Schaden verantwortlich: Die Gefahr des zufälligen Untergangs sowie zufälliger Verschlechterung oder Wertminderung des Zurückbehaltungsguts trägt der Schuldner. Doch wird in der Regel der Gläubiger mitbetroffen, weil bei zufälligem Untergang sein ZR. erlischt, bei Verschlechterung oder Wertminderung die Sicherung geschwächt wird.

---

männische Sorgfalt sowie die Grundsätze von Treu und Glauben eine Benachrichtigung des Schuldners und begründen, falls solche unterbleibt, eine Schadensersatzpflicht des Gläubigers. Über die Verpflichtung zur Benachrichtigung von der Verwertung vgl. unten § 12 unter I.

III. Die aus dem Bestehen des ZR. fließenden Befugnisse des Schuldners sind folgende:

Er kann, wenn der Gläubiger seine Rechte in erheblichem Maße verletzt und einer Abmahnung ungeachtet das verletzende Verhalten fortsetzt, verlangen, daß das zurückbehaltene Gut auf Kosten des Gläubigers hinterlegt oder, wenn es sich zur Hinterlegung nicht eignet, an einen gerichtlich zu bestellenden Verwahrer abgeliefert wird.[1]

Weiter ist er berechtigt, der Zwangsvollstreckung des Gläubigers in sein übriges Vermögen zu widersprechen, soweit die Forderung des Gläubigers durch den Wert des Retentionsguts gedeckt ist; steht dem Gläubiger das KZR. noch für eine andere Forderung zu, so ist der Widerspruch jedoch nur zulässig, wenn auch diese Forderung durch den Wert des Zurückbehaltungsgegenstands gedeckt ist (§ 777 ZPO.). Die Vollstreckungsorgane dürfen die Exekution zwar nicht von Amts wegen ablehnen, der Schuldner kann aber nach § 766 ZPO. Einwendung gegen die Art und Weise der Vollstreckung erheben. Die Geltendmachung dieses Widerspruchsrechts ist nicht von bereits erfolgter Ausübung des ZR. abhängig. Es genügt dazu schon dessen Bestehen, d. h. das Vorhandensein aller Existenzvoraussetzungen. Das Bestehen zu beweisen, ist Sache des Schuldners, der das Interesse am Widerspruche hat.

Nach dem Wortlaut des Gesetzes wird die Befugnis aus § 777 ZPO. nur beim ZR. an beweglichen Sachen gewährt, anscheinend also beim ZR. an Wertpapieren versagt. Staub, Düringer-Hachenburg und Sievers[2] räumen indes das Widerspruchsrecht auch ein, wenn dem Vollstreckungsgläubiger ein ZR. an Wertpapieren zusteht. Solche Ausdehnung auf Inhaberpapiere erscheint unbedenklich, da diese in dem analog an-

[1] Vgl. § 1217 Abs. 1 BGB. Hinterlegungsstelle und Sequester erlangen dann unmittelbaren Besitz, der Retinent behält mittelbaren (vgl. jedoch Art. 145 Abs. 1 Satz 1 EBGB.); vgl. Staudinger Anm. IV 3 zu § 854, Anm. III 1b zu § 868 und oben § 6 Anm. 7.

[2] Staub Anm. 61 zu § 369, Anm. 86 zu § 368, Düringer-Hachenburg Note VII zu § 369, Sievers S. 291.

zuwendenden § 1293 BGB. ausdrücklich den beweglichen Sachen gleichgestellt sind; die Zulässigkeit solcher Ausdehnung wird auch allgemein anerkannt.[1] Nicht so einfach gestaltet sich die Beantwortung der bestrittenen Frage, ob der Schuldner auf ein ZR. an Ordrepapieren verweisen kann. STAUB (a. a. O.) bejaht dies und führt zur Begründung an, daß für das Pfandrecht kein innerer Grund vorliege, mit den Ordrepapieren anders als mit den Inhaberpapieren zu verfahren, daß einer Ausdehnung auf Ordrepapiere jedenfalls § 1293 BGB. nicht entgegenstehe und daß für das KZR. Entsprechendes gelte. SEUFFERT (a. a. O.) dagegen hält die Ausdehnung für unzulässig, da das Pfandrecht und ebenso auch das KZR. an einem Ordrepapier eben kein Recht an einer beweglichen Sache, sondern an einer Forderung sei. M. E. verdient bei der Lösung der Streitfrage der dem § 777 ZPO. zugrunde liegende, zu einem prozessualen Widerspruchsrecht ausgestaltete Billigkeitsgedanke Berücksichtigung, daß eine chikanöse, mißbräuchliche Art und Weise der Zwangsvollstreckung, bei der ein Gläubiger das bereite Befriedigungsobjekt verschmäht und das übrige Vermögen des Schuldners angreift, verhindert werden soll.[2] Dieser Gedanke muß auch zur Geltung kommen, wenn der Exekutionsimplorant durch ein KZR. an einem Ordrepapier zur Befriedigung für seine Forderung gelangen kann. Aus Billigkeitserwägungen gebührt mithin der STAUBschen Ansicht der Vorzug.[3]

Sodann ist dem Schuldner nachgelassen, die Ausübung des ZR.[4] durch Sicherheitsleistung abzuwenden (§ 369 Abs. 4 HGB.). Diese Vorschrift hat tunlichste Schonung der Interessen des Schuldners im Auge, indem sie ihm die Möglichkeit eröffnet, einen ihm durch die Retention gewisser Gegenstände erwachsenden besonders empfindlichen Schaden abzuwenden. Ob der Schuldner

---

[1] GAUPP-STEIN Anm. IIa zu § 777, SEUFFERT Anm. 2 zu § 777, MAKOWER Anm. Ib 2 zu § 369.

[2] Vgl. § 772 Abs. 2 BGB. und Protokolle z. BGB. Bd. III S. 464.

[3] PLANCK (Anm. 3 zu § 772) stellt für das Recht aus § 772 Abs. 2 BGB. den beweglichen Sachen Inhaber- und Ordrepapiere gleich.

[4] Einschließlich des Befriedigungsrechts; vgl. MAKOWER Anm. Ia zu § 369.

von der Berechtigung zur Sicherheitsleistung Gebrauch machen will oder nicht, ist vollkommen in sein Belieben gestellt, da das ZR. nur Sicherungs-, nicht Zwangsmittel ist. In welcher Weise im einzelnen Sicherheit geleistet werden kann, regelt sich nach den §§ 232f. BGB. mit der Einschränkung jedoch, daß nur Realsicherheit statthaft ist (§ 369 Abs. 4 Satz 2 HGB.). Was die Höhe der Sicherheitsleistung anlangt, so hat man davon auszugehen, daß das KZR. Sicherungsmittel ist. Daraus ergibt sich, daß die geleistete Sicherheit dann genügt, wenn sie den Wert der zu sichernden Forderung erreicht. Nicht ist erforderlich, daß sie der höherwertigen unteilbaren Zurückbehaltungsware an Wert gleichkommt; sie braucht aber andererseits, wenn der Wert des Retentionsgegenstands geringer ist als der der Forderung, nur dessen Wert zu haben, denn dann ist sie dem Gläubiger ausreichender Ersatz für die eingebüßte Sicherheit.

Durch die Sicherheitsleistung erlischt das ZR. nicht, es wird nur in seiner Durchführbarkeit gehemmt; es darf nicht ausgeübt werden.[1] Fällt daher die gewährte Sicherheit aus irgend einem Grunde fort, so lebt das Ausübungsrecht wieder auf. Nun besteht allerdings für den Gläubiger nach erfolgter Sicherheitsleistung die Verpflichtung, dem Schuldner auf Verlangen das Zurückbehaltungsgut auszuantworten,[2] so daß die Sicherheitsleistung, da der Schuldner zweifelsohne in den meisten Fällen von seinem Herausgabeanspruch Gebrauch machen wird, praktisch regelmäßig auch Erlöschen des KZR. im Gefolge hat.

---

[1] Vgl. Planitz S. 19, Schlegelberger S. 179; a. A. Staub Anm. 52 zu § 369, Lehmann § 126 Ziff. 13.

[2] Nichterfüllung dieser Verpflichtung zieht Schadensersatzpflicht nach sich; ROHG. Bd. 15 S. 365.

Dritter Teil.

Das Befriedigungsrecht.

§ 9.

A. Im allgemeinen.

Das zweite Element und der Kern des KZR. ist die Befriedigungsbefugnis. In ihr kommt der in dem gesamten Rechtsinstitut enthaltene Haftungsgedanke zum Ausdruck. Durch ihre Ausübung wird nicht die persönliche Schuld, sondern die aus ihr erwachsene Sachhaftung verwirklicht, wird nicht die Schulderfüllung durchgesetzt, sondern die mangelnde Schulderfüllung ersetzt.

Solcher positiven Seite entbehrt das BZR. grundsätzlich. In einem einzigen Falle nur besteht auch neben ihm eine Befriedigungsbefugnis: § 1000 BGB. gestattet dem Besitzer einer Sache, deren Herausgabe so lange zu verweigern, bis er wegen der ihm zu ersetzenden Verwendungen befriedigt wird, und § 1003 BGB. berechtigt den Besitzer einer Sache, der den Eigentümer unter Angabe des als Ersatz verlangten Betrags zur Erklärung innerhalb einer angemessenen Frist über die Genehmigung der Verwendungen aufgefordert hat, nach fruchtlosem Ablauf der gesetzten Frist bei beweglichen Sachen nach den Vorschriften über den Pfandverkauf, bei Grundstücken nach denjenigen über die Zwangsvollstreckung in das unbewegliche Vermögen Befriedigung zu suchen.[1] Wir finden hier eine dem KZR. ähnliche Erscheinung; § 1003 gewährt ein Befriedigungsrecht, das aus der wegen Nichterklärung zu folgernden Nichterfüllung der Verwendungsansprüche entspringt und die mangelnde Schulderfüllung ersetzen soll; der Verwirklichung dieses Befriedigungsrechts dient die Retentionsbefugnis. Beide Rechte sind Schutzmittel der persönlichen Ansprüche des Besitzers,[2] die unter gewissen Voraussetzungen eine Sachhaftung erzeugen.

---

[1] Entwurf I (§ 938) gab dem Besitzer keine Befriedigungsbefugnis, verwies ihn vielmehr lediglich auf das ZR.

[2] Vgl. Staudinger Vorbem. zu § 1000.

Die Gewährung der Befriedigungsbefugnis nähert das KZR. dem Pfandrecht, ohne es indessen zu einem solchen zu machen; denn beide weisen immerhin bedeutende Unterschiede auf, von denen einige hier genannt sein mögen: das Pfandrecht ist ein dingliches Recht, der Pfandgläubiger genießt daher unbeschränkten Schutz gegen Dritte, das KZR. dagegen wirkt persönlich und Dritten gegenüber nur beschränkt; beim Pfandrecht genügt weiter im Gegensatze zum KZR. zum Erwerbe guter Glauben,[1] kommt die Höhe der Forderung gegenüber dem Werte der Pfandsache nicht in Betracht und wird zur Verwertung kein vollstreckbarer Titel erfordert.

Zur Befriedigung aus dem zurückbehaltenen Gegenstande ist der Gläubiger lediglich berechtigt, nicht auch verpflichtet (§ 371 Abs. 1 Satz 1 HGB.). Der Schuldner kann zwar der Zwangsvollstreckung des Gläubigers in sein übriges Vermögen nach § 777 ZPO. widersprechen, kann vom Gläubiger aber nicht Ausübung des Befriedigungsrechts verlangen, nicht darauf klagen.[2]

Das Befriedigungsrecht gelangt zur Entstehung, sobald sämtliche Voraussetzungen des KZR. erfüllt sind (vgl. oben § 4 a. Anf.). Es kann für jede Forderung des Gläubigers ausgeübt werden, die den gesetzlichen Bestimmungen entspricht, ohne Rücksicht auf Identität mit derjenigen, derentwegen der Gläubiger retiniert; ist letztere etwa in der Zwischenzeit beglichen worden, so darf der Gläubiger wegen jeder anderen geeigneten Forderung Befriedigung suchen.

Das Befriedigungsrecht besteht gewöhnlich gegen den Schuldner. Inwieweit es Dritten gegenüber ausübbar ist, bestimmt sich naturgemäß darnach, inwieweit das ZR. gegen sie geltend gemacht werden kann, also nach der Vorschrift in § 369 Abs. 2 HGB. Eine besondere Hervorhebung dessen (vgl. D. S. 212) erscheint, wie Staub[3] mit Recht bemerkt, allerdings überflüssig. Immerhin enthält § 371 Abs. 1 Satz 2 HGB. gegenüber § 369 Abs. 2 HGB. einen wenn auch ziemlich selbstverständlichen Zusatz, indem er

[1] Beim KZR. gilt das „Hand wahre Hand"-Prinzip nicht, vgl. Staub Anm. 20 zu § 369, ROHG. Bd. 15 S. 422, RG. Bd. 8 S. 83.

[2] Vgl. ROHG. Bd. 10 S. 235, RG. Bd. 2 S. 35.

[3] Anm. 2 zu § 371.

betont, daß der Gläubiger den Dritten nicht vollständig ausschließt, sondern nur den Vorrang vor ihm genießt. Dieser Vorrang kommt darin zum Ausdruck, daß der gleichfalls am Retentionsgut berechtigte Dritte sein Recht nicht gegen den Willen des Retinenten ausüben darf und daß im Falle der Ausübung durch den Rückhalter zunächst dieser und erst nach ihm der Dritte aus dem Erlös zur Befriedigung gelangt.

B. Die Ausübung des Befriedigungsrechts.

§ 10.

Vorbemerkung.

I. Die Befriedigung aus dem zurückbehaltenen Gegenstande erfolgt durch Vollstreckung in diesen. Hierzu stehen dem Gläubiger zwei Wege offen: entweder er klagt seine persönliche Forderung oder aber die Deckung, das verhaftete Gut, aus und sucht alsdann auf Grund des im Klagewege erlangten Schuldtitels im ersten Falle Befriedigung durch Zwangsvollstreckung nach den Vorschriften der ZPO., im letzteren Falle durch Vollstreckung nach den für das Pfandrecht geltenden Vorschriften des BGB. Die erstgenannte Befriedigungsart ist die reguläre, ist nicht Ausübung des im KZR. liegenden eigenartigen Befriedigungsrechts und soll daher hier nur kurz gestreift werden.

Auf Grund des durch Einklagen der persönlichen Forderung erlangten Schuldtitels beginnt die Exekution mit der Pfändung,[1] die durch den Gerichtsvollzieher als staatliches Vollstreckungsorgan in Gestalt der Besitzergreifung am Retentionsgut erfolgt, genau so, als wenn dieses sich im Gewahrsam des Schuldners befände. Nach der Besitzergreifung wird der Gegenstand entweder vom Gerichtsvollzieher weggenommen und in der Pfandkammer untergebracht oder unter Ersichtlichmachung der Pfändung im Gewahrsam des Retinenten belassen. Die Pfändung

[1] Vgl. §§ 808f. ZPO.; dies gilt auch für Wertpapiere, vgl. §§ 821, 831 ZPO. Bei dieser Befriedigungsart ist der Gläubiger nicht allein zur Befriedigung aus dem Retentionsgegenstand, sondern aus dem gesamten Vermögen des Schuldners befugt; vgl. jedoch § 777 ZPO.

wirkt ein Pfändungspfandrecht des Gläubigers (§ 804 Abs. 1 ZPO.), das zur Verwertung befugt. Diese geschieht bei körperlichen Sachen und Wertpapieren, die nicht unter den § 831 ZPO. fallen, im Wege öffentlicher Versteigerung durch den Gerichtsvollzieher als Vollstreckungsorgan im Auftrage und in Vertretung des Gläubigers, bei Wechseln und anderen indossablen Papieren dagegen (§ 831 ZPO.) nach den für die Zwangsvollstreckung in Forderungen geltenden Grundsätzen der §§ 835f. ZPO.[1]

Gegenstand der folgenden §§ 11—14 soll allein das für das KZR. charakteristische Befriedigungsverfahren nach den für das Pfandrecht geltenden Vorschriften des BGB. sein.

II. Der Dritte, der durch die Ausübung des Befriedigungsrechts seitens des Gläubigers ein Recht am Zurückbehaltungsgute verlieren würde (insbesondere der vom Schuldner verschiedene Eigentümer), kann den Gläubiger befriedigen. Soweit er dies tut, geht die Forderung des Gläubigers kraft Gesetzes auf ihn über; doch darf er den Übergang nicht zum Nachteile des Retinenten geltend machen, daher nicht Herausgabe des zurückbehaltenen Gegenstands verlangen, wenn der Gläubiger nur teilweise befriedigt ist oder ihm am Retentionsobjekt ein Pfand- oder ein KZR. für eine andere Forderung zusteht (§ 1249 BGB.).

Daß mit der Forderung schlechthin auch das KZR. auf den Dritten übergeht, darf aus § 1250 Abs. 1 BGB. nicht analog gefolgert werden, denn die Forderung, zu deren Sicherung das KZR. besteht, muß aus einem zwischen dem Gläubiger und dem Schuldner abgeschlossenen Handelsgeschäfte erwachsen sein;[2] zwischen dem Dritten und dem Schuldner ist aber nicht abgeschlossen. Man würde indessen zu weit gehen, wenn man die Möglichkeit eines Übergangs des KZR. mit der Forderung überhaupt in Abrede stellen wollte. Übergang tritt vielmehr nach

---

[1] Durch Überweisung oder Anordnung nach § 844 ZPO. und insoweit unter Mitwirkung des Vollstreckungsgerichts; vgl. Gaupp-Stein Anm. I 1 und II zu § 821, Anm. I, III zu § 831.

[2] Vgl. § 369 Abs. 1 Satz 1 HGB, Prot. z. AHGB. II. Teil S. 462, III. Teil S. 1352.

der herrschenden Meinung[1] dann ein, wenn bei dem Dritten die Voraussetzungen des KZR. gleichfalls vorliegen und der Übergang von den Beteiligten gewollt ist. Insbesondere ist notwendig, daß der neue Gläubiger Besitz am Retentionsgut erhält und zwar gleichzeitig mit dem Übergang der Forderung, weil sonst, wenn der alte Gläubiger nicht einer anderen Forderung wegen zurückbehaltungsbefugt ist, das KZR. erlöschen würde. Unter diesen Umständen erwirbt auch der den Gläubiger befriedigende Dritte zusammen mit der Forderung das KZR.

§ 11.

Die Voraussetzungen.

Die Berechtigung zur Ausübung des Befriedigungsrechts (zur Verwertung des Zurückbehaltungsguts) ist an das Vorliegen dreier Voraussetzungen geknüpft: an Fälligkeit der zu deckenden Forderung, an deren Übergang in eine Geldforderung und an das Vorhandensein eines vollstreckbaren Titels.[2]

I. Entsprechend der für das Pfandrecht in § 1228 Abs. 2 BGB. getroffenen Bestimmung wird Fälligkeit der Forderung des Gläubigers und deren Übergang in eine Geldforderung verlangt. Fälligkeit liegt im Regelfalle an sich schon vor, da sie zu dem Tatbestande gehört, unter dem das ordentliche KZR. entsteht. Nur beim Notzurückbehaltungsrecht ist daher ihr Eintritt abzuwarten, bevor zur Verwertung geschritten werden darf. Der Übergang der Forderung in eine Geldforderung ist entweder die gesetzliche Folge der Nichterfüllung (hier genügt es, wenn der

---

[1] Staub Anm. 7 zu § 369, Cosack § 31 Anm. 1, Makower Anm. IIIc zu § 369, Planitz S. 6, ROHG. Bd. 5 S. 307.

[2] Ausnahme vgl. unten IV. Daß zur Ausübungsmöglichkeit Besitz des Gläubigers am Gute gehört, bedarf keiner besonderen Hervorhebung. Hat der Gläubiger Besitz, so kann er sich selbst dann befriedigen, wenn ein ihm im Range vorgehender Pfandgläubiger vorhanden ist, der die Befriedigung nicht selbst betreibt oder betreiben kann (etwa weil seine Forderung noch nicht fällig ist). Der im Range vorgehende und besitzende Pfandgläubiger dagegen ist zur Herausgabe des Gutes an den Retinenten nicht verpflichtet, auch wenn er die Befriedigung nicht betreibt oder betreiben kann; vgl. § 1232 BGB.

Gläubiger neben dem Anspruch auf Erfüllung einen solchen auf Leistung von Geld erlangt); der Übergang kann aber auch auf Vereinbarung, etwa dem Versprechen einer Vertragsstrafe, beruhen.[1]

II. In grundlegendem Gegensatze zum Pfandrecht wird weiter ein vollstreckbarer Titel für das Recht des Gläubigers auf Befriedigung erfordert (§ 371 Abs. 3 Satz 1 HGB.). Zur Begründung dessen führt die Denkschrift (S. 213) folgendes aus: „Der Umstand, daß die Befriedigung aus Pfändern, und zwar nicht bloß bei dem vertragsmäßigen, sondern auch bei dem gesetzlichen Pfandrechte, eine gerichtliche Anordnung nicht mehr erfordert, kann nicht dahin führen, auch in Ansehung der Geltendmachung des KZR. von einer gerichtlichen Mitwirkung abzusehen. Bei dem gesetzlichen Pfandrechte läßt sich eine solche Mitwirkung entbehren, weil das Pfandrecht immer nur wegen bestimmter Forderungen besteht, welche eine Beziehung zu dem Pfandgegenstande haben oder für welche dieser Gegenstand nach der Verkehrsauffassung von vornherein als Sicherheit zu dienen bestimmt ist. Bezüglich des KZR. trifft dies nicht zu. Die Forderungen, für welche es geltend gemacht und die Gegenstände, an welchen es ausgeübt wird, brauchen in keinem Zusammenhange zu stehen, und die Voraussetzungen des ZR. sind keineswegs immer leicht und einfach festzustellen."

Der vollstreckbare Titel bezielt Gestattung der Befriedigung und ist regelmäßig im Wege der Klage zu erwirken. Demgemäß hat der Klagantrag (und entsprechend auch der Urteilstenor) „auf Gestattung der Befriedigung" zu lauten.[2] Makower[3] stellt eine Abweichung in der Ausdrucksweise des Gesetzes in § 371 Abs. 3 HGB. einerseits (verba: Titel für das Recht auf Befriedi-

---

[1] Vgl. §§ 280, 283, 286 Abs. 2, 325, 339f. BGB., 893 ZPO. Nicht ist Verzug des Schuldners Voraussetzung, obwohl solcher meist infolge der Ausklagung der Deckung vorliegen wird, der aber beispielsweise fehlt, wenn der Gläubiger den dritten Eigentümer verklagt, ohne den Schuldner zu mahnen.

[2] Anders nach AHGB., wo „Anordnung des Verkaufs" zu beantragen war; vgl. Art. 315.

[3] Anm. IIIb 4 zu § 371.

gung) sowie in den §§ 371 Abs. 4, 372 Abs. 2 HGB. andererseits fest (verba: Klage auf Gestattung der Befriedigung) und schließt daraus, da der Ausdruck in § 371 Abs. 3 als der umfassendere für maßgebend zu erachten sei, daß der Antrag in der Form gestellt werden könne: „die Befriedigung zu dulden" oder „den Rückhalter für befugt zu erklären, sich zu befriedigen" oder „bei Vermeidung der Befriedigung des Gläubigers aus dem zurückbehaltenen Gegenstande zu zahlen." Zu solcher Ausdehnung liegt indes kein Anlaß vor, da das Gesetz wiederholt ausdrücklich sagt, worauf die „Klage" zu richten ist. Die Fassung des petitum „bei Vermeidung . . . zu zahlen" ist m. E. unzulässig, zum mindesten sehr irreführend, weil sie den Anschein erweckt, als handle es sich um eine Klage aus der Forderung, als solle die Schulderfüllung durchgesetzt werden. Zur Klagbegründung gehört jedoch nicht das Bestehen der Forderung allein, sondern Existenz des KZR.; Klageinwendung ist nicht Negation der Schuld, sondern des KZR.[1] Im Klagantrag und Urteilstenor haben die Forderung, derentwegen, sowie der Gegenstand, an dem das Befriedigungsrecht ausgeübt werden soll, und falls Befriedigung wegen der Prozeß- und sonstigen durch die Ausübung des KZR. erwachsenen Kosten beansprucht wird, auch dieser Punkt Erwähnung zu finden.

Aktivlegitimiert zur Klage ist der Retinent, passivlegitimiert der Eigentümer des Zurückbehaltungsguts als solcher und, wenn dieses dem Gläubiger selbst gehört, der Schuldner (§ 371 Abs. 3 Satz 1 HGB.). Da in der Regel der Schuldner Eigentümer ist, richtet sich die Klage gewöhnlich gegen den Schuldner (als Eigentümer). Hat der Schuldner das Eigentum am Retentionsgegenstand nach Entstehung des KZR. durch Abtretung des Herausgabeanspruchs auf eine dritte Person übertragen, so geht die Klage gegen den Dritten als derzeitigen Eigentümer.

§ 372 HGB.[2] gibt einige ergänzende, die Rechtsstellung des Gläubigers erleichternde Vorschriften für den Fall, daß der Gläu-

---

[1] A. A. Laband S. 497.

[2] § 372 HGB. gilt nur für das Befriedigungsverfahren (verba: in Ansehung der Befriedigung), nicht für das KZR. (i. w. S.) schlechthin; es darf daher aus ihm nicht geschlossen werden, daß bei Unkenntnis des Gläubigers

biger bei Geltendmachung seines Befriedigungsrechts keine Kenntnis[1] davon hat, daß sich ein Eigentumswechsel seit dem Besitzerwerb am schuldnerischen Gut vollzogen hat; er enthebt den Gläubiger der Nachforschung nach dem augenblicklichen Eigentümer. Sein Absatz 1 betrifft jede Art von Erwerb des Dritten, Absatz 2 nur den vom Schuldner abgeleiteten. Die Bedeutung des Absatz 1 liegt darin, daß im Befriedigungsverfahren für den in Unkenntnis vom Eigentumswechsel befindlichen Gläubiger der Schuldner als Eigentümer gilt. Daher wirken die vom Gläubiger gegen den Schuldner vorgenommenen Rechtshandlungen — insbesondere die Klagerhebung gegen ihn, die Verkaufsandrohung sowie die Benachrichtigung über Ort und Zeit der Versteigerung, über den erfolgten Verkauf und dessen Ergebnis an ihn — gegen den Eigentümer. Andererseits aber macht sich der Gläubiger durch schuldhafte Außerachtlassung der bei Durchführung seines Befriedigungsrechts zu beobachtenden Vorschriften auch nur dem Schuldner, nicht dem dritten Eigentümer gegenüber schadensersatzpflichtig. Absatz 2 bestimmt, daß der Dritte das in einem zwischen dem Gläubiger und dem Schuldner wegen Gestattung der Befriedigung geführten Rechtsstreite ergangene rechtskräftige Urteil gegen sich gelten lassen muß, wenn der Gläubiger sich beim Eintritte der Rechtshängigkeit in Unkenntnis vom Eigentumswechsel befand, vorausgesetzt natürlich, daß das Befriedigungsrecht dem Dritten gegenüber überhaupt ausgeübt werden kann.[2] Dem Gläubiger wird hierdurch die Ausklagung eines vollstreckbaren Titels gegen den ihm inzwischen bekannt gewordenen Eigentümer erspart; der Titel gegen den Schuldner wirkt auch gegen den Eigentümer. § 372 Abs. 2 HGB. enthält eine Er-

von einem nach dem Besitzerwerb und vor der Entstehung eines KZR. auf der Gegnerseite erfolgten Eigentumswechsel ein gültiges KZR. erwachsen könne.

[1] Positiv nichts weiß; Wissenmüssen steht dem Nichtwissen nicht gleich. Das Wissen hat der Gegner zu beweisen; so Makower Anm. IIb zu § 372 gegen Düringer-Hachenburg Note II 3 zu § 372.

[2] Aus Abs. 2 ist zu folgern, daß der bei Eintritt der Rechtshängigkeit nichtwissende Gläubiger das gegen den Schuldner anhängig gemachte Verfahren mit Wirkung gegen den ihm bekannt gewordenen dritten Eigentümer fortsetzen darf.

gänzung des § 325 ZPO., der nur den Fall regelt, daß der Eigentumswechsel im Laufe des Rechtsstreits eintritt, nicht aber wie § 372 Abs. 2 denjenigen, daß der Eigentumswechsel bereits vor Klagerhebung eingetreten ist, aber erst nachher zur Kenntnis des Gläubigers gelangt.

Die Klage kann, was eigentlich keiner besonderen Hervorhebung bedarf, im allgemeinen Gerichtsstande des Beklagten oder vor einem sonst nach allgemeinen Grundsätzen gewährten Forum, insbesondere dem der Niederlassung des Beklagten, erhoben werden (§§ 13f. ZPO.). Außerdem gestattet das Gesetz in Anlehnung an Art. 315 AHGB. und zur Erleichterung des Gläubigers, daß der Rechtsstreit auch bei demjenigen Gerichte anhängig gemacht wird, in dessen Bezirk der Gläubiger seinen allgemeinen Gerichtsstand oder den der Niederlassung hat.[1] Niederlassung in diesem Sinne ist die Zentralstelle des gewerblichen Betriebs, von der aus unmittelbar Geschäfte geschlossen, nicht die Stelle, von der aus Geschäfte nur vermittelt werden.[2] Zur Klagmöglichkeit im Gerichtsstande der Niederlassung wird nach § 21 ZPO. erfordert, daß die Klage auf den Geschäftsbetrieb der Niederlassung Bezug hat; hat der Gläubiger daher mehrere Niederlassungen, so kann er nur am Orte derjenigen klagen, aus deren Betrieb das KZR. herrührt, sei es, daß dort das die Forderung begründende Handelsgeschäft abgeschlossen worden ist, sei es, daß sich dort das Retentionsgut befindet.[3] Unter mehreren zuständigen Gerichten hat der Gläubiger die Wahl (§ 35 ZPO.).

Der vollstreckbare Titel ist im Wege des ordentlichen Prozesses zu erwirken. Der Gläubiger kann nicht im summarischen (Urkunden- oder Wechsel-) Prozesse vorgehen, wenn er auch seine persönliche Forderung in einer solchen Prozeßart verfolgen könnte; denn durch den hier in Frage kommenden Rechtsstreit wird nicht die persönliche Forderung, sondern die Deckung ausgeklagt.[4]

---

[1] Vgl. D. S. 213, §§ 13f. ZPO. Ausnahme von dem Grundsatze: actor forum rei sequitur.

[2] Vgl. Näheres bei Wach S. 424.

[3] Vgl. RG. Bd. 23 S. 428, Bd. 44 S. 355.

[4] A. A. Thoel § 3 zu Art. 315.

Ihrer rechtlichen Natur nach ist die Klage Leistungs-, nicht Feststellungsklage.[1] Denn mit ihr wird nicht ein richterliches Erkenntnis erstrebt, welches das Bestehen des KZR. (i. w. S.) oder des Befriedigungsrechts feststellt, sondern ein Urteil begehrt, das einen Leistungsbefehl ausspricht, den Verurteilten zum Gestatten der Befriedigung, zu einer Tätigkeit verpflichtet und Vollstreckbarkeit im engeren Sinne erzeugt, deren die Feststellungsklage entbehrt. Schutzgrund, berechtigtes Rechtsschutzinteresse ist nicht wie bei dieser bedrohliches Verhalten des Schuldners, nicht Rechtsgefährdung wegen Rechtsunsicherheit, sondern Rechtsverletzung durch Nichtbefriedigung des Anspruchs des Klägers;[2] weil der Schuldner seiner Verbindlichkeit nicht nachkommt, ist der Gläubiger zur Klagerhebung befugt. Wirtschaftlich wird mit der Klage dasselbe angestrebt wie mit der auf Zahlung, nämlich Befriedigung des Gläubigers, zwar nicht durch Erzwingung der Schuld, aber durch Ersatz für die mangelnde Schulderfüllung Die Klage aus dem KZR. ähnelt in ihrem Wesen der auf Duldung der Zwangsvollstreckung (§§ 737, 739, 743, 748 ZPO.), die nach der herrschenden Meinung[3] Leistungsklage ist und bei der das Gesetz sich gleichfalls nicht damit begnügt, das Recht des Duldungspflichtigen am Vollstreckungsgut dadurch unschädlich zu machen, daß ihm gegenüber im Wege einer Feststellungsklage die Wirksamkeit des zu vollstreckenden Anspruchs oder, was dasselbe ist, die Unzulässigkeit eines Widerspruchs festgestellt würde, bei der vielmehr gleichfalls eine positive Leistung des Beklagten und, um ihn zum Schuldner der Zwangsvollstreckung zu machen, ein Vollstreckungstitel im engeren Sinne begehrt wird.

Was die Verteilung der Beweislast im Rechtsstreite anlangt, so ist Planitz (S. 27) Recht zu geben, der meint, daß den Gläubiger nur eine Beweislast für das Entstehen, nicht auch für die Fortdauer des KZR. treffe, da es unbillig erscheine, ihm die

---

[1] Ebenso Planitz S. 25, Schlegelberger S. 233; a. A. Korn S. 91f.: Anerkennungsklage auf Feststellung des Retentionsrechts.

[2] Die Forderung des Gläubigers muß daher zur Zeit der Klagerhebung bereits fällig sein; vgl. Korn S. 92.

[3] Vgl. Hellwig S. 316f., Langheineken S. 262f., Gaupp-Stein Vorbem. vor § 253 Anm. II 1.

Widerlegung sämtlicher von einem böswilligen Gegner gegen das Fortbestehen erhobenen Einwendungen aufzubürden.

Die Verpflichtung zur Tragung der Prozeßkosten trifft den Schuldner als solchen, denn er hat durch Nichterfüllung seiner Verbindlichkeit Veranlassung dazu gegeben, daß der Gläubiger Befriedigung aus dem Zurückbehaltungsgegenstand sucht und zu diesem Zwecke den Klagweg beschreiten muß. Im Regelfall, in dem der Schuldner als Eigentümer des Retentionsguts verklagt ist, trifft ihn die Kostenpflicht unmittelbar. Ist dagegen der dritte Eigentümer verklagt und hat dieser zur Klagerhebung keinen Anlaß gegeben, auch seine Verpflichtung zur Gestattung der Befriedigung sofort anerkannt (§ 93 ZPO.), so werden die Kosten des Rechtsstreits dem Gläubiger auferlegt; letzterer kann aber aus dem obengenannten Grunde vom Schuldner Ersatz der erwachsenen Kosten verlangen, so daß im Endergebnis doch der Schuldner für sie aufzukommen hat. Der Erstattungsanspruch des Gläubigers ist kaum gefährdet, da der Gläubiger sich der Kosten wegen an den zurückbehaltenen Gegenstand halten kann.

Der erlangte vollstreckbare Titel wirkt Verwertungsbefugnis. Er begründet kein Befriedigungsrecht, sondern gestattet nur die Ausübung des schon bestehenden.[1] Mangel des Titels hat Unrechtmäßigkeit der Verwertung im Gefolge.[2]

III. Die Frage, ob die vorstehend genannten drei Voraussetzungen des Eintritts der Verwertungsbefugnis durch Parteiabrede ausschließbar sind, ist zu verneinen. Dieser Standpunkt rechtfertigt sich durch einen analogen Schluß aus den Vorschriften des BGB. über das Pfandrecht. § 1245 BGB. erklärt ausdrücklich nur eine Privatvereinbarung über die Art der Verwertung für zulässig; aus dem Schweigen des Gesetzes bezüglich der Voraussetzungen (der Fälligkeit der Forderung und des Übergangs derselben in eine Geldforderung) ist zu entnehmen, daß eine Parteiabrede in dieser Hinsicht versagt sein soll.[3] Entsprechendes

---

[1] Begründet kein Pfandrecht, wie v. Hahn (§ 4 zu Art. 315) mit Unrecht annimmt.

[2] § 371 Abs. 3 Satz 2 HGB.; vgl. unten § 13.

[3] Vgl. Planck Anm. 2aβ zu § 1245, Staudinger Anm. 4 zu § 1245.

gilt für das KZR. und namentlich auch für das Erfordernis des vollstreckbaren Titels, der eine den beiden anderen gleichwertige Voraussetzung der Verwertungsbefugnis bildet.

IV. Wie sich aus § 1294 BGB. ergibt, macht das Gesetz selbst ausnahmsweise die Ausübung des Befriedigungsrechts nicht vom Vorliegen der Fälligkeit und des Übergangs derselben in eine Geldforderung abhängig, wenn der Gläubiger Befriedigung aus einem zurückbehaltenen Inhaber- oder Ordrepapier durch Einziehung der in ihm verbrieften Forderung sucht. Diese Sondervorschrift hat ihren Grund in der Natur des Retentionsobjekts: Der Wechsel muß beispielsweise zu einer bestimmten Zeit eingelöst werden oder der Kurs eines Papiers droht bedenklich zu sinken, so daß die Sicherheit des Gläubigers, auch zum Nachteile des Schuldners, mehr und mehr gefährdet wird. Kann nach dem Gesagten die Einziehung schon vor Eintritt der genannten beiden Voraussetzungen erfolgen, so tritt gleichwohl die endgültige Befriedigungswirkung erst ein, wenn die Voraussetzungen vorliegen (§§ 1287, 1288 BGB.).

Ebenso verhält es sich mit der dritten Voraussetzung der Verwertungsbefugnis, dem vollstreckbaren Titel. Die Ausübung des Einziehungsrechts muß ohne ihn statthaft sein, einmal aus den oben genannten für § 1294 BGB. maßgebenden Gründen, sodann auch deshalb, weil ohne Fälligkeit der zu deckenden Forderung mangels einer Rechtsverletzung seitens des Schuldners und daher mangels eines Rechtsschutzinteresses für die Klage die Ausklagung der Deckung und Erwirkung eines vollstreckbaren Titels unmöglich ist. Nach Eintritt der Fälligkeit (oder bei Bestehen derselben von vornherein) kann aber zu einer endgültigen Befriedigungswirkung auf das Erfordernis eines Titels nicht verzichtet werden. Dem widersprechen der § 371 Abs. 3 Satz 1 HGB. sowohl wie die grundlegende Bedeutung, die der vollstreckbare Titel für das KZR. hat.

Die Befriedigung aus beweglichen Sachen.

§ 12.

a) Der Verkauf.

I. Die Verwertung des Retentionsguts zum Zwecke der Befriedigung erfolgt bei beweglichen Sachen im Wege durch den Gläubiger betriebenen Privatverkaufs ohne Mitwirkung der in der ZPO. vorgesehenen Vollstreckungsorgane nach den für das Pfandrecht geltenden Vorschriften. Um aber eine das gegnerische Interesse wahrende Verwertung zu gewährleisten, ist bestimmt, daß der Verkauf in Gestalt der öffentlichen Versteigerung, d. h. unter Zuziehung entweder eines für den Versteigerungsort bestellten Gerichtsvollziehers oder eines zu Versteigerungen befugten anderen Beamten oder eines öffentlich angestellten Versteigerers öffentlich vorzunehmen ist (§ 383 Abs. 3 BGB.). Unparteilichkeit und Zuverlässigkeit dieser Personen wird durch ihre Beamteneigenschaft oder ihre öffentliche Anstellung verbürgt. Ausnahmsweise bedarf es nicht der Form der öffentlichen Versteigerung, wenn die zu veräußernde Ware einen Börsen- oder Marktpreis[1] hat. In diesem Falle ist Verkauf aus freier Hand durch einen zu solchen Verkäufen öffentlich ermächtigten Handelsmäkler oder durch eine zur öffentlichen Versteigerung befugte Person zum laufenden Preise[2] nachgelassen (§§ 1235 Abs. 2, 1221 BGB.).

Bevor der Gläubiger zum Verkaufe schreitet, hat er einigen mit diesem unmittelbar zusammenhängenden Vorschriften zu genügen. Er ist zunächst verpflichtet, dem Eigentümer den be-

[1] D. i. nach RG. Bd. 34 S. 121 derjenige Preis, „welcher sich aus der Vergleichung der über die betreffende Ware an dem Börsen- oder Marktplatze zur fraglichen Zeit geschlossenen größeren Zahl von Geschäften ergibt. Als dieser Preis gilt zunächst derjenige, welcher nach den örtlichen Einrichtungen des betreffenden Handelsplatzes als solcher festgestellt wird, wobei nicht bloß amtliche, sondern auch außeramtliche Feststellungen in Betracht kommen, wenn sie nur auf einer festen, anerkannten Einrichtung beruhen . . ."

[2] D. i. derjenige Börsen- oder Marktpreis, der am Tage des Verkaufs am Verkaufsort für die Sache durchschnittlich bezahlt wird; ROHG. Bd. 8 S. 100.

absichtigten Verkauf vorher anzudrohen und ihm dabei den Geldbetrag zu bezeichnen, dessentwegen der Verkauf stattfinden soll; die Androhung darf erst nach dem Eintritt der Verwertungsvoraussetzungen (vgl. oben § 11) erfolgen und unterbleiben, wenn sie untunlich ist.[1] Untunlichkeit liegt namentlich vor, wenn die zu veräußernde Sache dem Verderb ausgesetzt und mit dem Aufschub der Veräußerung Gefahr verbunden ist (vgl. § 384 Abs. 1 BGB.), auch dann, wenn zu erwarten steht, daß die Androhung den Eigentümer nicht erreichen wird, oder wenn sie nur mit unverhältnismäßig hohen Kosten und großer Mühe bewirkt werden kann; angemessene Kosten und Mühe darf der Gläubiger nicht scheuen. Zwischen Androhung und Vornahme des Verkaufs besteht eine gesetzliche Wartefrist von einer Woche,[2] deren Lauf bei Untunlichkeit der Androhung bereits mit dem Eintritte der Verwertungsbefugnis beginnt. Der Versteigerungsverkauf[3] hat an dem Orte zu erfolgen, an dem die zu veräußernde Ware aufbewahrt wird; nur wenn am Aufbewahrungsort ein angemessener Erfolg nicht zu erwarten steht,[4] ist er an einem geeigneten anderen Orte vorzunehmen. Zeit und Ort der Versteigerung sind unter allgemeiner Bezeichnung des Versteigerungsguts öffentlich bekannt zu machen; der Eigentümer sowie der Dritte, dem ein Recht an der Sache zusteht, sind tunlichst besonders zu benachrichtigen (§ 1237 BGB.). Zum Verkaufe dürfen nicht mehr Waren gestellt werden, als zur Befriedigung des Gläubigers erforderlich sind.[5]

Es ist mit der Bestimmung zu versteigern, daß der Ersteher den Kaufpreis sofort bar zu entrichten hat und seiner Rechte verlustig geht, wenn dies nicht geschieht;[6] es soll m. a. W. unter

---

[1] § 1234 Abs. 1 BGB.; vgl. Mot. Bd. III S. 824.

[2] § 371 Abs. 2 Satz 2 HGB.; ein Monat beim Pfandrecht nach BGB., § 1234 Abs. 2 Satz 1.

[3] § 1236 BGB., der nach der herrschenden Meinung auch für den freihändigen Verkauf gilt.

[4] Darüber befindet der Gläubiger, der dabei nach den Grundsätzen von Treu und Glauben mit Rücksicht auf die Verkehrssitte zu verfahren hat; vgl. RG. Bd. 15 S. 3.

[5] § 1230 BGB.; vgl. §§ 803, 818 ZPO.

[6] Sogenannte kassatorische Klausel, § 1238 Abs. 1 BGB. Dies gilt auch für den freihändigen Verkauf, widrigenfalls der Kaufpreis als vom

der Bedingung, daß dem Ersteher nur gegen unmittelbar nach Kaufabschluß (d. h. nach Erteilung des Zuschlags) geleistete Barzahlung die Ware Zug um Zug übereignet wird, und weiter unter dem Vorbehalte der Rechtsverwirkung zugunsten des Gläubigers im Falle nicht sofortiger Barzahlung versteigert werden. Diese Verkaufsbedingungen müssen beim Ausgebot vom Gläubiger oder dem Versteigerer ausdrücklich erklärt werden, sie bestehen nicht schon kraft Gesetzes.[1] Wird der Verkauf in einer von der Vorschrift des § 1238 Abs. 1 BGB. abweichenden Weise betrieben, so hat das die Wirkung, daß der Erstehungspreis, selbstverständlich unbeschadet der Ansprüche des Gläubigers gegen den Erwerber, als vom Gläubiger empfangen anzusehen ist (§ 1238 Abs. 2 Satz 1 BGB.). Die Abweichung zieht nicht Unwirksamkeit der Veräußerung nach sich, sondern läßt den Gläubiger nur die Gefahr der Uneinbringlichkeit der gegen den Käufer erworbenen Forderung tragen; die Forderung des Gläubigers an den Schuldner gilt in Höhe des Kaufpreises als berichtigt. Ist der Verkauf zwar unter den gesetzlichen Bedingungen vor sich gegangen, unterbleibt aber die Entrichtung des Erstehungspreises, so trägt der Gläubiger gleichfalls die Gefahr der Uneinbringlichkeit, wenn er nicht vor Schluß des Versteigerungstermins von dem Vorbehalte der Rechtsverwirkung Gebrauch macht, dem Erwerber also nicht den Rücktritt vom Verkauf vor diesem Zeitpunkt erklärt oder durch den Versteigerer erklären läßt.[2]

Der Gläubiger sowohl wie der Eigentümer, auch der von letzterem verschiedene Schuldner sind zum Bieten im Versteigerungstermine berechtigt. Erhält der Gläubiger den Zuschlag, so ist der Kaufpreis als von ihm empfangen und seine Forderung mithin insoweit als berichtigt anzusehen (§ 1239 Abs. 1 BGB.).

Gläubiger empfangen anzusehen ist; vgl. Planck Anm. 3 zu § 1238, Staudinger Anm. 4 zu § 1238.

[1] Anders § 817 Abs. 3 ZPO., wo die Verwirkung auch ohne ausdrücklichen Vorbehalt als gesetzliche Folge eintritt.

[2] Vgl. §§ 349, 360 BGB.; natürlich kann der Gläubiger den Rücktritt auch nach Schluß noch erklären, denn der genannte Zeitpunkt ist nur maßgebend für den Gefahrübergang. Die Ausübung des Rücktrittsrechts hat die Folge des § 346 BGB.

Da gegen den Eigentümer und den Schuldner, wenn sie es zur Versteigerung kommen lassen, der Verdacht besteht, daß es ihnen an Mitteln fehlt, darf ihr Gebot zurückgewiesen werden, wenn sie den gebotenen Betrag nicht schon beim Gebote bar erlegen.[1] Ein Bieten des mit der Vornahme oder Leitung des Verkaufs Beauftragten sowie dessen Gehilfen — sei es für sich persönlich, sei es durch einen anderen oder als Vertreters eines anderen — ist im Interesse der Unparteilichkeit dieser Personen verboten. Die Wirksamkeit gleichwohl erfolgten Verkaufs und der Übertragung des gekauften Gegenstands an sie hängt von der Zustimmung der beim Verkauf als Gläubiger, Eigentümer oder Schuldner Beteiligten ab.[2]

Gold- und Silbersachen[3] dürfen nicht unter dem Metallwerte zugeschlagen werden (§ 1240 Abs. 1 BGB.). Deshalb hat nötigenfalls vor der Versteigerung eine Abschätzung durch einen Sachverständigen stattzufinden (vgl. § 814 ZPO.). Wird kein genügendes Gebot im Versteigerungstermine abgegeben (erst dann!), so kann der Verkauf durch eine zur öffentlichen Versteigerung befugte Person aus freier Hand zu einem den Metallwert erreichenden Preise vorgenommen werden (§ 1240 Abs. 2 BGB.).

Für die Form der Versteigerung ist die allgemeine Vorschrift in § 156 BGB. maßgebend, wonach der Kaufvertrag durch den Zuschlag an den Meistbietenden zustande kommt. Nicht wird wie in § 817 Abs. 1 ZPO. dreimaliger Aufruf vor dem Zuschlage erfordert. Ein Gebot erlischt, sobald ein Übergebot abgegeben oder die Versteigerung ohne Erteilung des Zuschlags geschlossen wird.

Der Gläubiger hat den Eigentümer, soweit tunlich, vom Verkaufe (auch freihändigem) und dessen Ergebnis unverzüglich zu benachrichtigen (§ 1241 BGB.).

---

[1] § 1239 Abs. 2 BGB.; vgl. Mot. Bd. III S. 826. § 1239 findet entsprechende Anwendung bei freihändigem Verkauf; nur daß hier der Eigentümer und der Schuldner den Beschränkungen des Abs. 2 nicht unterworfen sind.

[2] §§ 456—458 BGB.; analog bei freihändigem Verkauf.

[3] Darunter sind solche Sachen zu verstehen, die in ihrer Hauptmasse aus Gold oder Silber bestehen.

II. Die soeben behandelten Verkaufsvorschriften sind nur dispositiver Natur. Daher können der Gläubiger und der Eigentümer eine davon abweichende Art des Verkaufs vereinbaren.[1] Hierzu bedarf es, wenn einem Dritten ein Recht an der Ware zusteht, das durch die Veräußerung erlischt, seiner Zustimmung. Diese ist unwiderruflich dem gegenüber zu erklären, zu dessen Gunsten sie erfolgt, mithin dem Gläubiger gegenüber, wenn die gesetzliche Verkaufsart durch die Vereinbarung erleichtert, dem Eigentümer gegenüber, wenn sie erschwert wird. Mangel der Zustimmung, mag sie nicht eingeholt oder mag sie versagt worden sein, wirkt nicht Nichtigkeit der Abrede, sondern nur Unrechtmäßigkeit der Veräußerung dem Dritten gegenüber.

Die Vereinbarung über Abweichung vom gesetzlichen Verkaufsmodus ist in der Regel schon vor Eintritt der Verwertungsvoraussetzungen (vgl. oben § 11) zulässig. Eine Ausnahme gilt indes für die Bestimmungen, daß die Veräußerung im Wege öffentlicher Versteigerung vorzunehmen und daß bei börsen- oder marktgängigen Waren auch freihändiger Verkauf statthaft ist, ferner für die Bestimmungen über öffentliche Bekanntmachung von Zeit und Ort der Versteigerung unter allgemeiner Bezeichnung der Ware und über die Behandlung von Gold- und Silbersachen. Auf Befolgung dieser Vorschriften kann erst nach Eintritt der Verwertungsvoraussetzungen verzichtet werden (§ 1245 Abs. 2 BGB.). Ein vorzeitiger Verzicht wäre nichtig.[2]

Die Parteiabrede ist dinglicher Natur; sie bindet nicht allein die Vereinbarenden, sondern wirkt auch für und gegen deren Rechtsnachfolger.

Auf eine vom gesetzlichen Modus abweichende Regelung des Verkaufs haben die Beteiligten einen Anspruch, wenn die Abweichung nach billigem Ermessen ihren Interessen entspricht. Unter diesen Umständen kann jeder von ihnen die Mitwirkung des anderen zu einer Abrede verlangen (§ 1246 Abs. 1 BGB.). Kommt eine solche zustande, so liegt ein Fall des § 1245 BGB.

---

[1] § 1245 BGB.; nicht aber eine andere Art der Verwertung als durch Verkauf. Vgl. auch Mot. Bd. III S. 828.

[2] § 1245 Abs. 2 BGB. ist absoluter Natur.

vor; wird keine Einigung erzielt, dann entscheidet auf Anruf das Gericht über die Art und Weise des Verkaufs.[1] Hierbei handelt es sich um einen Akt freiwilliger Gerichtsbarkeit; der Prozeßweg ist ausgeschlossen. Zuständig ist das Amtsgericht des Ortes, an dem die zu versteigernde Ware aufbewahrt wird (§ 166 FGG.).

III. Um, wie die Denkschrift (S. 214) sich ausdrückt, ein zweifelsfreies Ergebnis zu sichern, ist in § 371 Abs. 3 Satz 1 Halbsatz 2 HGB. hervorgehoben, daß dann, wenn der Gläubiger selbst Eigentümer des Zurückbehaltungsguts ist, die den Eigentümer betreffenden Vorschriften des BGB. über die Befriedigung auf den Schuldner entsprechende Anwendung finden. Hier kommen insbesondere in Betracht die Vorschriften über die Verkaufsandrohung, die Mitteilung von Ort und Zeit der Versteigerung, die unverzügliche Benachrichtigung vom erfolgten Verkauf sowie dessen Ergebnis und die Vereinbarung einer abweichenden Verkaufsart.

§ 13.

b) Die Wirkungen des Verkaufs.

I. Um die Frage nach der Wirkung des Verkaufs nach der dinglichen Seite hin beantworten zu können, macht sich vorerst eine Scheidung in sogenannte rechtmäßige und unrechtmäßige Veräußerung erforderlich.

Die Veräußerung zufolge eines nicht auf Privatabrede beruhenden Verkaufsverfahrens ist unrechtmäßig, wenn die im § 11 behandelten Voraussetzungen nicht erfüllt, wenn mehr Waren zum Verkaufe gebracht worden sind, als zur Befriedigung des Gläubigers erforderlich waren, wenn der Verkauf nicht im Wege öffentlicher Versteigerung, bei markt- und börsengängigen Waren weder in öffentlicher Versteigerung noch durch gewisse Personen zum laufenden Preise vorgenommen worden ist, oder wenn die Bestimmungen über öffentliche Bekanntmachung von Ort und Zeit der Versteigerung unter allgemeiner Angabe des Versteigerungsguts

[1] Nur darüber, nicht über das Verkaufsrecht, OLGRspr. Bd. 6 S. 370. Vgl. § 1246 Abs. 2 BGB.

oder über die Behandlung von Gold- und Silbersachen unbeachtet geblieben sind (§ 371 Abs. 3 Satz 2 HGB., 1243 Abs. 1 BGB.). Liegt kein derartiger Verstoß vor, so ist die Veräußerung rechtmäßig. Die Nichtbefolgung anderer als der genannten gesetzlichen Vorschriften schadet der Rechtmäßigkeit nicht, sondern berührt nur das innere obligatorische Verhältnis zwischen dem Gläubiger und dem Eigentümer; sie verpflichtet ersteren, sofern ihn ein Verschulden trifft, zum Schadenersatze (§ 1243 Abs. 2 BGB.).

Die Veräußerung zufolge eines zwischen den Parteien vereinbarten Verkaufsmodus ist unrechtmäßig, wenn ein Verstoß gegen die getroffene Abrede oder gegen etwa beibehaltene oder einer Vereinbarung nicht unterliegende (vgl. oben § 11 III) gesetzliche Bestimmungen vorliegt, deren Verletzung Unrechtmäßigkeit nach sich zieht. Sonst ist die Veräußerung rechtmäßig. Die Nichtbeachtung beibehaltener unwesentlicher gesetzlicher Verkaufsvorschriften begründet auch hier nur eine Schadensersatzpflicht.

II. Durch die rechtmäßige Veräußerung erlangt der Erwerber die gleichen Rechte, wie wenn er die Ware vom Eigentümer erworben hätte, d. h. Eigentum nach Maßgabe der §§ 929—931 BGB., denn kraft des Befriedigungsrechts steht dem Gläubiger dieselbe Veräußerungsmacht wie dem Eigentümer zu.[1] Während indes bei der Veräußerung einer Sache durch den Eigentümer die auf ihr lastenden Rechte Dritter nur bei Gutgläubigkeit des Erwerbers untergehen, erlöschen bei rechtmäßiger Veräußerung durch den Retinenten alle dem KZR. vor- wie nachgehenden Pfand- und Nießbrauchsrechte[2], gleichviel ob sie dem Erwerber bekannt waren oder nicht.[3] Ebenso erlischt das KZR. Die Rechte Dritter am Retentionsgut werden aber dadurch geschützt, daß sie am Erlöse

[1] § 1242 Abs. 1 Satz 1 BGB.; dies gilt auch dann, wenn der Gläubiger selbst (§ 1242 Abs. 1 Satz 2), der Eigentümer oder der vom ihm verschiedene Schuldner erwerben. Dem Eigentümer bleibt sein Eigentum, wie es war; aber es tritt die Wirkung des § 1242 Abs. 2 BGB. ein.

[2] Vgl. jedoch § 1242 Abs. 2 Satz 2 BGB.; geht dem Nießbrauch kein anderes Recht vor, so erlischt er nur gemäß § 936, also nur bei Gutgläubigkeit des Erwerbers; er bleibt aber bestehen, wenn er dem Erwerber bekannt ist.

[3] Vgl. § 1242 Abs. 2 BGB.; weitergehend als § 936 BGB.

wiederaufleben, so daß ein dem Retinenten vorgehender Berechtigter den ersten Anspruch auf den Erlös hat und nachstehende Rechte am Überschusse bestehen bleiben (§ 1247 Satz 2 BGB.). Eine Gewährleistungspflicht trifft den Gläubiger für Sachmängel nicht, wenn die Zurückbehaltungsware als solche öffentlich versteigert worden ist (vgl. § 461 BGB.); in allen anderen Fällen aber, insbesondere bei freihändigem Verkauf, hat er für jeden Mangel, auch den im Rechte, einzustehen.[1]

Der Gläubiger kann den gesamten in barem Gelde bestehenden Erlös vom Käufer beanspruchen. Deckt der Erlös seine Forderung gerade, so wird der Gläubiger mit der Bezahlung Alleineigentümer des Geldes. Übersteigt jedoch der Erlös die Höhe seiner Forderung, so tritt daran, solange der Gläubiger den zu seiner Befriedigung erforderlichen Teil noch nicht entnommen hat, Miteigentum des Gläubigers und des Eigentümers ein. An dem nach Befriedigung des Gläubigers sich ergebenden Überschusse behält der Eigentümer Alleineigentum und der Gläubiger Besitz, dessen Herausgabe der Eigentümer verlangen kann.

Auch der Erlös, der in einer Forderung besteht (in den Fällen, in denen der Kaufpreis als vom Gläubiger empfangen anzusehen ist, vgl. §§ 1238 Abs. 2, 1239 Abs. 1 Satz 2 BGB.; auch wenn auf Grund einer Parteiabrede ausdrücklich auf Kredit verkauft wird), steht dem Gläubiger in vollem Umfange zu. Ist die Forderung des Retinenten an den Schuldner niedriger als die durch die Veräußerung erworbene, so erlangt der Eigentümer gegen den Gläubiger einen Anspruch auf Auszahlung des Überschusses.

Soweit der Erlös, mag er in barem Gelde oder in einer Forderung bestehen, dem Gläubiger gebührt, soweit er m. a. W. nicht zur Deckung vorgehender Rechte Dritter erforderlich ist und nicht die Höhe der Forderung des Gläubigers übersteigt, gilt die Forderung des Retinenten an den Schuldner als vom Eigentümer berichtigt (§ 1247 Satz 1 BGB.) und wird der Schuldner von seiner Verbindlichkeit dem Gläubiger gegenüber befreit. Der durch die Betreibung des Verkaufs zu Schaden gekommene dritte

[1] Vgl. dagegen § 806 ZPO.

Eigentümer hat Rückgriffsmöglichkeit gegen den persönlichen Schuldner nach den Grundsätzen über ungerechtfertigte Bereicherung.[1]

III. Unrechtmäßigkeit der Veräußerung[2] entzieht ihr die Wirkungen des § 1242 BGB.; der Käufer erwirbt daher kein Eigentum an der Ware, und die Rechte Dritter gehen nicht unter. Trotzdem aber treten die in § 1247 BGB. genannten Folgen zunächst ein:[3] die Forderung des Gläubigers gilt, soweit ihm der Erlös gebührt, als berichtigt, und der Erlös tritt an die Stelle der Ware. Durch die Veräußerung erlischt vorderhand das KZR., da der Besitz an der Ware auf den Käufer übergegangen und die Forderung des Gläubigers erloschen ist. Erst durch erfolgreiche Geltendmachung der Unrechtmäßigkeit werden die Wirkungen des § 1247 rückgängig gemacht.[3] Alsdann kann der Gläubiger gegen Rückerstattung des Erlöses vom Erwerber Ausantwortung der Ware verlangen. Erwirbt er auf diese Weise den Besitz der Ware zurück, so lebt sein KZR. wieder auf.

IV. Die Nachprüfung der Rechtmäßigkeit der Veräußerung ist für den Käufer vielfach mit Schwierigkeiten verbunden. Wollte man daher den Erwerb auf eine sichere Grundlage stellen, so mußte man den in gutem Glauben an die Rechtmäßigkeit befindlichen Erwerber gegen etwaige Mängel der Veräußerung schützen. Das ist im § 1244 BGB. und im Anschluß an die Vorschriften geschehen, die nach den §§ 932—934, 936 BGB. für den Eigentumserwerb vom Nichteigentümer gelten. Darnach treten unter der doppelten Voraussetzung, daß erstens die Zurückbehaltungsware als solche veräußert wurde und daß zweitens der Verkauf ein den Vorschriften in den §§ 1235 oder 1240 Abs. 2 BGB. genügender, also ein immerhin noch amtlicher war, Eigentumserwerb des Käufers und Untergang der Rechte Dritter,[4] mithin

[1] Vgl. §§ 812f. BGB. Planck (Anm. 2a zu § 1247) und Biermann (Anm. 2 zu § 1247) nehmen an, daß der dritte Eigentümer die Forderung des Gläubigers nach § 1249 BGB. erwerbe; dieser § findet indes keine Anwendung, da er gerade den Fall vorsieht, daß es zu keiner Veräußerung kommt.

[2] Dem gleichstehend Mangel des KZR. auf Gläubigerseite, was indes kaum denkbar ist, da das Bestehen des KZR. richterlicher Nachprüfung unterliegt.

[3] Vgl. Kretzschmar Anm. 1 zu § 1247.

[4] Auch eines Nießbrauchs, der nach § 1242 Abs. 2 Satz 2 BGB. bestehen bleiben würde. Die Kenntnis des Erwerbers vom Bestehen eines

die Wirkungen des § 1242 BGB. dann ein, wenn dem Erwerber zu dem nach den §§ 932—934 BGB. maßgebenden Zeitpunkte der Mangel der Rechtmäßigkeit unbekannt war und auch nicht infolge grober Fahrlässigkeit unbekannt geblieben ist.[1] Auch im übrigen treten dann die vollen Wirkungen rechtmäßiger Veräußerung, insbesondere die des § 1247 BGB., ein.[2]

§ 14.

Die Befriedigung aus Wertpapieren.

Da die Wertpapiere Rechte verkörpern, finden für die Befriedigung aus ihnen die für das Pfandrecht an Rechten geltenden Vorschriften des BGB. (§§ 1273 f.) Anwendung.

I. Darnach erfolgt die Befriedigung aus einem Inhaberpapier grundsätzlich in derselben Form, also durch Verkauf, und mit denselben Wirkungen wie die Befriedigung aus einer beweglichen Sache (§ 1293 BGB.). Nur wenn das Inhaberpapier eine Forderung verbrieft (wie Schuldverschreibungen oder Aktien, mit denen Geldansprüche verbunden sind), ist der Gläubiger daneben befugt, nach seiner Wahl sich auch durch Einziehung der Forderung — nötigenfalls nach deren Aufkündigung — zu befriedigen. Dieses Kündigungs- und Einziehungsrecht steht dem Gläubiger ausnahmsweise schon vor Eintritt der Verwertungsvoraussetzungen zu.[3]

---

anderen Rechts schließt dessen Erlöschen nicht aus, weil die rechtmäßige Veräußerung alle sonstigen Rechte zum Erlöschen bringt und im Falle des § 1244 die unrechtmäßige wie die rechtmäßige wirkt; so die herrschende Meinung gegen Planck Anm. 3a zu § 1244.

[1] In gleicher Weise wird der in gutem Glauben an die Rechtsbeständigkeit des KZR. befindliche Gläubiger geschützt, wenn ein KZR. tatsächlich nicht besteht; vgl. S. 53 Anm. 2.

[2] Vgl. Biermann Anm. 5 zu § 1247.

[3] § 1294 BGB., vgl. oben § 11 IV. Verwertung durch einfache freihändige Blankoübergabe ist unzulässig. Die Folgen der Einziehung gestalten sich verschieden, je nachdem die Verwertungsvoraussetzungen bereits eingetreten sind oder nicht und je nachdem die verbriefte Forderung auf Geld oder einen anderen Gegenstand gerichtet ist; vgl. §§ 1281, 1282, 1287, 1288 BGB. Am eingezogenen Gegenstand erwirbt der Gläubiger nach §§ 1287, 1288 Abs. 1 ein KZR.

II. Die Befriedigung aus Ordrepapieren ist grundsätzlich gemäß § 1277 BGB. nach den für die Zwangsvollstreckung geltenden Vorschriften zu suchen. Dieser Grundsatz wird indes praktisch dadurch zur Ausnahme, daß das Gesetz wesentliche Erleichterungen einräumt, wenn das Ordrepapier (wie gewöhnlich!) entweder eine Forderung verbrieft oder einen Börsen- oder Marktpreis hat. Ersterenfalls nämlich steht dem Gläubiger dasselbe Kündigungs- und Einziehungsrecht wie beim Inhaberpapiere zu, letzterenfalls kann er, jedoch erst nach Eintritt der Verwertungsvoraussetzungen, das Papier nach § 1221 BGB. freihändig verkaufen lassen (§ 1295 BGB.). Die Frage, ob bei solchem freihändigen Verkauf § 1234 BGB. Anwendung zu finden hat, d. h. ob eine Androhungspflicht und eine Wartefrist besteht, ist mit der herrschenden Meinung[1] zu verneinen; denn einmal wird in § 1295 der § 1221, nicht auch der § 1234 angezogen; abgesehen davon erscheint namentlich die Verneinung der Wartefrist mit Rücksicht auf die Beschaffenheit der vorwiegend in kurzfristigen Wechseln bestehenden Papiere geboten.

Bei Traditionspapieren insbesondere hat man zu unterscheiden, ob der Zurückbehaltungsschuldner oder der Retinent aus ihnen legitimiert ist. Im ersten Falle steht dem Gläubiger ein KZR. nur am Papier, d. h. an der verbrieften Forderung des Schuldners auf Auslieferung der Ware, zu. Die Befriedigung erfolgt alsdann in der oben beschriebenen für Ordrepapiere geltenden Weise. Ist aus dem Traditionspapiere dagegen der Gläubiger legitimiert,[2] so hat dieser ein KZR. am Gute selbst und ist zu dessen Verwertung nach den für das KZR. an beweglichen Sachen maßgebenden Grundsätzen befugt.

III. Die Befriedigung aus Wertpapieren, die weder auf den Inhaber noch auf Ordre lauten, ist nur nach § 1277 BGB. möglich.

[1] Staub Anm. 21 zu § 371, Staudinger Anm. b zu § 1295, Kretzschmar Anm. 2 zu § 1295, Fischer-Henle Anm. 1 zu § 1295, Biermann § 1295 gegen Planck Anm. 2 zu § 1295 und Sievers S. 295.

[2] Ein KZR. an einem solchen Papiere hat nur Sinn, wenn der nach außen zwar als Berechtigter erscheinende Gläubiger materiell kein Recht auf die Sache hat, das Papier beispielsweise nur zu fiduziarischem Zwecke auf ihn begeben ist, vgl. § 369 Abs. 1 Satz 2 HGB.

Anhang.

§ 15.

Der Einfluß des Konkurses auf das kaufmännische Zurückbehaltungsrecht.

I. Durch das Konkursverfahren über das Vermögen des Schuldners wird das bereits vor oder spätestens mit der Konkurseröffnung (§ 370 HGB.) begründete KZR. grundsätzlich nicht berührt. Da zu dessen Entstehungsvoraussetzungen gehört, daß das Retentionsgut mit dem Willen des Schuldners in die Verfügungsmacht des Gläubigers gelangt ist, liegt ein im Konkurse wirksames KZR. nur vor, wenn im Augenblicke der Konkurseröffnung der Schuldner seinen Willen betätigt und der Gläubiger die Verfügungsgewalt über das Gut erlangt hat. Denn eine nach Konkurseröffnung erfolgende Willensbetätigung des Schuldners würde nach § 7 KO. den Konkursgläubigern gegenüber unwirksam sein und könnte daher ein im Konkurse wirksames KZR. nicht begründen. Nur ausnahmsweise kann ein wirksames KZR. auch nach Konkurseröffnung noch erworben werden, wenn der Retentionsgegenstand mit Willen des Konkursverwalters in den Besitz des Gläubigers gelangt ist.[1]

Das KZR. gewährt ein Absonderungsrecht des Gläubigers (§ 49 Ziff. 4 KO.), das ihn befugt, sich gänzlich unabhängig vom Konkursverfahren[2] — also weder durch den Konkursverwalter noch unter Aufsicht des Konkursgerichts — aus dem retinierten Gut nach den für das KZR. geltenden Grundsätzen zu befriedigen.

Wird der Gläubiger durch die Verwertung nicht voll gedeckt, so kann er seine Forderung in Höhe des Ausfalles zur Konkursmasse geltend machen und insoweit als Konkursgläubiger verhältnismäßige Befriedigung beanspruchen (§ 64 KO.). Um-

---

[1] Denn § 15 KO. begreift Rechtshandlungen des Konkursverwalters nicht mit; vgl. Jaeger Anm. 6 zu § 15 und Anm. 45 zu § 49 sowie die Entsch. d. RG. v. 21. Nov. 1901 im Recht Bd. 6 S. 24 Nr. 98.

[2] § 4 Abs. 2 KO. Der Absonderungsberechtigte ist nicht Konkursgläubiger.

gekehrt kommt ein durch die Verwertung sich ergebender Überschuß der Masse zu gute.

Die Befugnis zur Verwertung ist, da beim KZR. die Befriedigung ohne gerichtliches Verfahren durch Privatverkauf vorgenommen werden darf, zunächst ein eigenes und ausschließliches Recht des Absonderungsberechtigten, der aus diesem Grunde einer Verwertung des Konkursverwalters widersprechen kann. Dieses alleinige Recht des Gläubigers erleidet indes — darin liegt der wesentliche Einfluß des Konkurses auf das KZR. — eine erhebliche Einschränkung, wenn das Konkursgericht auf Antrag des Verwalters dem Gläubiger nach seiner Anhörung eine Verwertungsfrist[1] gesetzt hat und diese fruchtlos verstrichen ist. Dann nämlich tritt neben das Privatverwertungsrecht des Retinenten ein fakultatives Zwangsverwertungsrecht des Verwalters mit der Folge, daß ersterer seines Widerspruchsrechts verlustig geht und nur so lange zur Privatverwertung berechtigt bleibt, als ihm nicht der Verwalter deren Möglichkeit durch Betreibung der Zwangsverwertung abgeschnitten hat. Erfolgt die Verwertung durch den Verwalter (nach dessen Wahl nach den Vorschriften entweder über die Zwangsvollstreckung oder über den Pfandverkauf), so kann der Gläubiger seine Rechte nur auf den Erlös geltend machen (vgl. § 127 KO.).

Eine richterliche Verwertungsfrist wird der Verwalter in der Regel dann beantragen, wenn einerseits der Wert des Zurückbehaltungsguts den der Forderung des Gläubigers übersteigt, so daß Aussicht auf einen Überschuß zugunsten der Masse besteht, und andererseits eine Verschleppung des Konkurses durch ungebührliche Hinauszögerung der Privatverwertung zu befürchten ist. Um dem Verwalter eine Beurteilung des Werts des Retentionsgegenstands zu ermöglichen, ist der Gläubiger gehalten, innerhalb einer vom Konkursgericht bestimmten Frist dem Verwalter von dem Besitze des Zurückbehaltungsguts und den Forderungen, für

[1] Bei der Fristsetzung hat das Gericht zu berücksichtigen, ob der Gläubiger bereits im Besitze eines vollstreckbaren Titels ist oder nicht und wieviel Zeit die Erlangung eines solchen voraussichtlich in Anspruch nehmen wird. Besitzt der Gläubiger ihn bei Konkurseröffnung noch nicht, so ist die Klage gegen den Verwalter zu richten.

die abgesonderte Befriedigung beansprucht wird, Anzeige zu machen, ihm auf Verlangen das Gut zur Ansicht vorzulegen und dessen Abschätzung zu gestatten. Unterbleibt die rechtzeitige Anzeige über den Besitz, so haftet der Gläubiger — außerdem tritt im Falle böswilliger, im Interesse des Gemeinschuldners unterlassener Anzeige strafrechtliche Folge ein (§ 242 Ziff. 1 KO.) — für allen aus der Unterlassung oder Verzögerung entstehenden Schaden (§§ 118—120 KO.).

II. Ein in der kritischen Zeit vor Konkurseröffnung begründetes KZR. kann als solches nicht angefochten werden; denn nur Rechtshandlungen unterliegen der Anfechtung. Wohl aber ist, sofern die gesetzlichen Tatbestände (§§ 29f. KO.) erfüllt sind, die das KZR. verschaffende, in der kritischen Zeit vorgenommene Rechtshandlung — insbesondere das Rechtsgeschäft, durch das der Gläubiger den Besitz des Retentionsguts oder seine Forderung erworben hat — anfechtbar.[1] Da nun das Anfechtungsrecht ein unmittelbar im Gesetz ruhendes Forderungsrecht der Konkursgläubigerschaft (obligatio ex lege) auf Rückgewähr des Erlangten zur Konkursmasse bedeutet,[2] muß seine erfolgreiche Geltendmachung Untergang des KZR. nach sich ziehen.

---

[1] Nach RG. Bd. 9 S. 50 kann indes die Sicherung nicht angefochten werden, wenn der Gläubiger vor der kritischen Zeit die Verfügungsgewalt über das Gut erlangte und in dieser erst eine Forderung gegen den Schuldner erwarb, weil er dann die Sicherung nicht zur kritischen Zeit erhielt.

[2] Vgl. Jaeger Anm. 3f. zu § 29.

Metzger & Wittig, Leipzig.

FSC
www.fsc.org
MIX
Papier | Fördert
gute Waldnutzung
FSC® C083411

Kolibri 360 GmbH
Ferdinand-Jühlke-Straße 7
99095 Erfurt, Deutschland
produktsicherheit@kolibri360.de